明仔玩军事 百科图解

# 野外求生技巧

瀚鼎文化工作室◎编著

航空工业出版社

北京

## 内 容 提 要

本书梳理了各国特种部队在野外求生时经常应用的技巧，将野外生存的基本常识、技巧简洁明了地介绍给广大读者，希望读者通过阅读此书，在日常野外活动，甚至事故、灾难面前能够从容面对。

**图书在版编目（CIP）数据**

百科图解野外求生技巧 / 瀚鼎文化工作室编著. -- 北京 ：航空工业出版社，2014.10（2020.9重印）
ISBN 978-7-5165-0568-7

Ⅰ. ①百… Ⅱ. ①瀚… Ⅲ. ①野外-生存-图解
Ⅳ. ① G895-64

中国版本图书馆 CIP 数据核字（2014）第 210860 号

百科图解野外求生技巧
Baike Tujie Yewai Qiusheng Jiqiao

航空工业出版社出版发行
（北京市朝阳区京顺路 5 号曙光大厦 C 座四层 100028）
发行部电话：010-85672663 010-85672683

北京世汉凌云印刷有限公司印刷 全国各地新华书店经售
2014 年 10 月第 1 版 2020 年 9 月第 4 次印刷
开本：710×1000 1/16 字 数：219 千字
印张：13 定 价：39.80 元

# 编者的话

近年来，随着自助游、户外及野外徒步运动的日趋流行，越来越多的热衷者纷纷投身到这类具有一定危险性的紧张而刺激的活动当中。然而，由于缺乏必要的野外求生常识，致使爱好者们在活动体验中意外频频，甚至遇难身亡的事故也屡见不鲜。为此，我们精心搜集了大量的世界各国特种部队在执行任务中必须严格遵循的野外生存条例，图文并茂地将各种野外生存小技巧向读者展示出来，希望广大读者通过阅读本书能对野外活动有一个必要的了解，在面对一般问题时可以及时找到应对方案，避免不必要的意外事件发生。

本书作为《百科图解》系列丛书组成部分，适合户外活动爱好者、广大驴友以及青少年阅读收藏。《百科图解》系列丛书是瀚鼎文化工作室倾力打造的“明仔玩军事”大家庭中的一员。

明仔玩军事

# 目 录

# 目　录

# 第一章
# 准备工作

# No.001 户外活动所需要的服装

各种户外休闲活动越来越受到人们的青睐，如何选择合适的户外装备是许多人面临的难题。

**最好选择洋葱式穿衣法，面对不同气温可轻松调整穿着**

要想有一次难忘的户外旅行，出行前的准备工作是必不可少的，充足的准备是应对各种突发状况的前提。

首先，我们要根据自己的行程选择最为适合的服装。我们日常散步休闲时所穿的服装，并不适合极地、沙漠或者热带这些气候恶劣的地区。

因此，行前要仔细研究好目的地的气候条件，可以的话，不妨请教专业的户外运动人士，根据别人的意见选择合适的穿戴，以免到达目的地以后才发现自己的衣服根本不适合在当地活动。

在不确定的情况下，最好选择洋葱式穿衣法，也就是像洋葱一样多层穿衣。这样可以确保给身体提供多层的防护，在适应气候方面也具有很大的弹性。原因很简单，静止的空气层对于保温和隔绝冷空气的效果很好。穿上越多层衣服所形成的空气层就越多，所能起到的保温效果就越好。如果觉得冷或者热的话，可以随时调整，适当脱下几层或者加上几层衣服即可。

在穿衣时要谨记一个原则——过犹不及。穿得过暖或者过于单薄都会出现问题。如果在天气冷的时候穿得太暖，会因此令身体流汗，汗水的蒸发会造成体温下降。同时，被汗水浸湿的衣服保温效果也会因此减弱。

我们推荐：贴身一层穿保暖内衣；第二层穿羊毛或者混纺衬衫；第三层穿羊毛或纤维织成的毛衣或夹克；第四层穿合成纤维制成的外套，尽量不要穿羽绒服，避免因为浸水丧失保暖功能；最外层应穿防水透气材质制成的外套。

## 穿着的舒适度非常重要

选择兼具保暖及防水功能的极地服装，注意手脚末端皆需要完全保护，应选择洋葱式穿衣法以达到最佳的保暖效果

1 2 3 4 5 6 7 8 9

# No.002 选择户外服装的技巧

户外活动时的服装不仅要像日常服装一样追求合身美观，更重要的是要适应目的地的气候。

## 针对环境选择性地穿衣，各部位的保暖都非常重要

这里所说的服装包括外套、裤子、鞋袜、手套、帽子等。户外活动中，各部位的保暖都非常重要。

外套是最外层的保护，因此最好选择使用防风防水的材质制成的，有兜帽的外套最佳，因为外套的兜帽也能帮助头部保暖。在选择的时候，要注意兜帽的大小以及兜帽的收紧方式。抽绳式兜帽是目前的主流，即使戴着手套也能轻松调整松紧程度。

长裤的选择也非常重要，户外活动时最好穿着轻便易干的防风裤，以合成纤维或者棉与华达呢面料混纺的材质最佳。合适的裤子应该是轻而紧致，即使浸水也能很快晾干。另外，足够数量的裤兜对于户外活动有着不寻常的意义。

进行户外活动时还应准备一双防水靴，平时要注意保养靴面，以保持其防水效果。出行前务必仔细检查，确认接缝处是否裂开、靴底是否磨损、皮革是否龟裂等。防水靴在途经潮湿的草地或者类似的地带时具有非常重要的作用。

手套和帽子也是非常重要的保暖装备。多数人会选择羊毛制或者滑雪专用的手套，但是其保暖效果不如无指手套。不过无指手套活动不便，因此可以选择在无指手套中加一双薄手套。

在一些极端情况下，人体约有百分之四十到百分之五十的热量从头部流失，因此，帽子对头部保暖、防止热量流失非常重要。同时，帽子还具有遮阳的效果。

### 保养靴子的技巧

- 要尽量保持靴子干燥，一旦浸湿，要及时塞满报纸等吸水材质并置于干燥通风处阴干，决不能放在阳光下暴晒或者火堆前烘烤，会使皮革龟裂；
- 在鞋带上涂抹硅胶或蜡可以防止鞋带浸湿后结冻。

# 适合暖热带气候的服装

| 美国空军的着装要求 |
|---|
| “COLDER”原则 |
| C：Clean，保持服装整洁 |
| O：Overheating，避免过热 |
| L：Layers，多层着装 |
| D：Dry，保持服装干燥 |
| E：Examine，检查服装是否破损 |
| R：Repair，对于破损之处应及时修补 |

## No.003 户外急救箱

户外急救箱是户外活动中必不可少的求生工具。

**选择药品时，尽量挑选不会引起强烈过敏反应的药品**

户外急救箱主要是为了应对在户外受伤、生病、被蛇虫叮咬等这些意外情况，以便第一时间治疗。在国外，急救箱被称为“First Aid”，意为“第一时间救治”。有户外经验的人都知道，在遇到意外以后，第一时间救治非常重要，甚至直接关乎生命。

户外急救箱里通常包含两类物品：一部分是药品；另一部分则是一些常见的医疗器材。

药品主要是感冒药、退烧药、消炎药、肠胃药等。在丛林中，蛇药更是必不可少的。在出发前，要仔细阅读药品说明书，记住每种药品的使用方法、用量及禁忌。

**选择药品时，尽量挑选不会引起强烈过敏反应的药品，比如抗生素与消炎药品不要选择青霉素类。**

除了药品之外，必要的医疗器材也是不可或缺的。像创可贴、纱布、医用钳、医用剪刀、止血带等。

另外，需要注意的是，要经常检查急救包内药品的生产日期和保质期，确保急救箱内所有药品都在保质期内，避免因为误服过期药品造成更大的麻烦。

急救箱的用途就是为了在生病或者受伤时能够及时控制或者治疗、减轻求生者的痛苦，这也要求求生者事先就已经接受过类似的专业学习。户外急救箱是每个户外活动者在出行时必须准备的一件关键装备。急救箱有可能放在背包里一两年都没有用到，但是一旦出现意外，它的作用却可以救命。

现在许多求生者习惯于将求生盒与急救箱合二为一，将所有关乎生存的重要求生工具以及药品器材等装在一起，制成求生包，不失为一种好办法！

# 户外急救箱

急救箱可以在户外简单地处理伤口或者治疗疾病，各种医疗器材也是不可或缺的。注意！在出行前须谨记各种药物的用法用量

## 也有人会将求生盒与急救箱合二为一，制成求生包

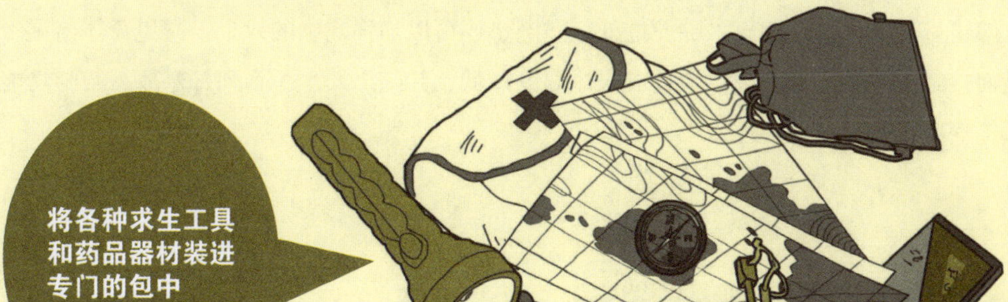

# No.004 帐篷和其他露营装备

露营是户外活动的一项重要内容，各种露营装备也是户外活动中不可缺少的。



## 要根据目的地的自然环境来选择露营装备

露营装备是户外活动的必需品之一，其类型非常繁多。在户外用品店中挑选适合自己使用的露营装备也是一门技术。

选择帐篷的时候，有的帐篷是供登山或者极地专用的，有的则是供夏天野外露营使用……首先要清楚自己目的地的自然环境，同时了解不同类型帐篷的用途。现在用于露营的帐篷重量都比较轻，因此基本可以不用考虑重量的问题，综合其空间大小与用途两方面的因素即可。

现在的帐篷多为一体式设计，以尼龙制成，地铺经过防水处理。除了原有的屋形外，还有四角形蒙古包、六角形蒙古包；帐篷大小则以适合人数区分，有一人帐、二人帐、四人帐、六人帐，最大的是八人帐。有的大帐篷内部分隔为两个空间，一部分用来睡觉休息，另一部分可以作为厨房或者装备的存放室。

睡袋是近年来非常流行的一种露营装备。有的睡袋内附有拱圈，将睡袋撑成可容纳一人的隧道状帐篷。睡袋的空间比帐篷小很多，无法在里面煮饭、活动，其优点在于能够防水，并且重量很轻。睡袋是用防水透气的材质制成，能够防止水汽在睡袋内部凝结，保持干燥。像军用的睡袋通常是预设在 -10℃ ~10℃使用的，而一些民用的睡袋往往达不到这个标准，因此在购置睡袋的时候一定要请教行家。

如果你还想睡得更舒服一点，防潮垫是不可缺少的。防潮垫能解决防潮和保暖问题，能够更好地保证睡眠健康。除此之外，防潮垫还可以加强隔绝的效果，避免身体与湿冷的地面接触而导致失温。失温会造成人体温度降低，并随之产生一系列打寒战、心肺功能衰竭等症状，甚至可能导致死亡。

# 各种露营装备

## 帐篷

选择帐篷时首先要清楚自己目的地的自然环境，同时，还要了解不同类型帐篷的用途

## 睡袋

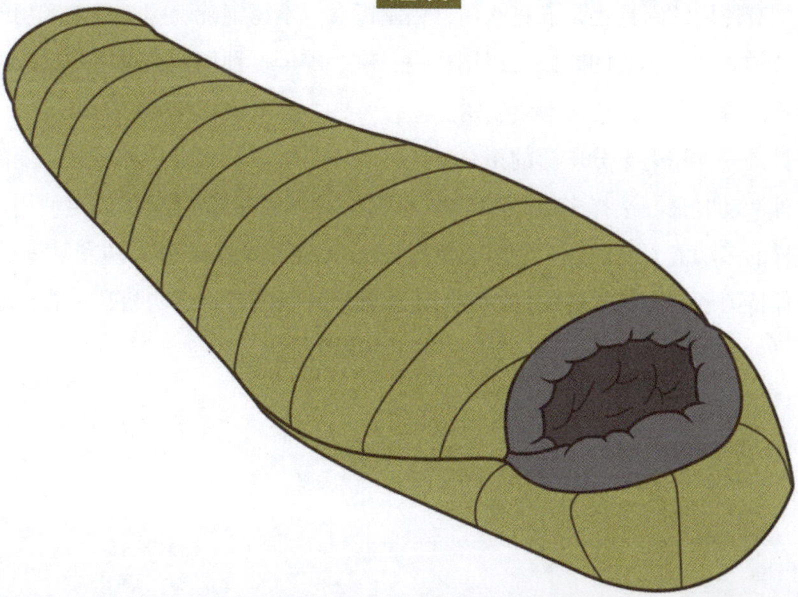

睡袋比帐篷小很多，其优点在于能够防水，并且重量很轻

1
2
3
4
5
6
7
8
9

# No.005 烹饪用具

户外活动中，烹饪是提供所需食物的主要途径，因此，专门用于户外的烹饪用具也是必备品。

**两个原则：一是越轻越好；二是避免选择零件过于复杂的炉具**

酒精炉等用于户外烹饪的工具是户外活动的必备品。在选择炉具的时候要谨记两条原则：一是越轻越好，便携性是所有户外装备所必须具备的特点；二是避免选择零件过于复杂的炉具，否则很容易因为遗失零件而影响使用。

户外用炉具的燃料类型有很多，主要有丁烷、丙烷、煤油、酒精、汽油等。考虑到便携性和使用的安全性，固体酒精是目前户外炉具所使用的主要燃料。

无论是哪种燃料的炉具，在户外使用的时候都要十分谨慎。在用完以后要及时熄灭，避免燃料外泄，否则可能会引起草丛、森林燃烧起火。

**如果是在密闭的空间中，务必要谨记以下几点：**

· 要等到煤油炉等冷却以后才能补充燃料；

· 使用时应当保持通风，避免一氧化碳中毒；

· 以汽油作为燃料时，要选择无铅汽油，含铅汽油燃烧时对人体危害很大。

与炉具配套使用的厨具也是五花八门，铝制饭盒、不锈钢碗碟等是最为实用的，套叠在一起不仅节约空间，必要的时候可以用作锅、碗、碟等多种用途。也有一些人考虑到重量，选择塑料制餐具，既轻巧又不会生锈。

求生刀具是一种用途十分广泛的工具，既可以作为武器，又是一种非常重要的烹饪工具。通常户外活动时最好选择多用途刀具，既能减少携带的数量，又能满足使用需要。像瑞士军刀这样的多功能刀具对求生者极为重要，它可以用来削剥兽皮、切剁果蔬甚至伐木。因此要随时保持刀子的干净和锋利，而且一定要随时贴身携带，切勿胡乱丢放在地上。

## 烹饪用具

### 炉具

无论是哪种燃料的炉具，在用完以后要及时熄灭，避免燃料外泄，否则可能会引起草丛等燃烧起火

### 厨具

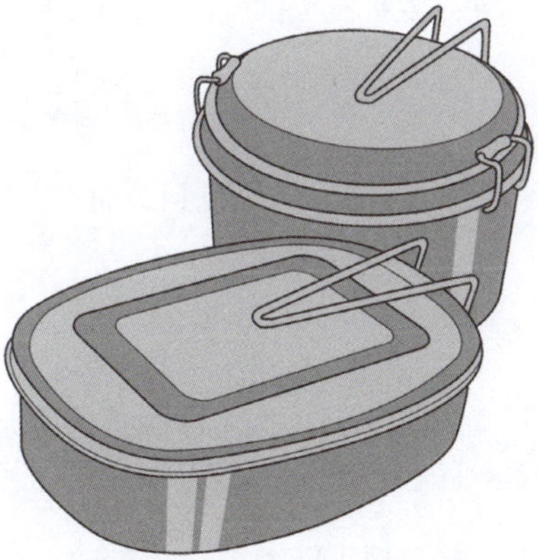

铝制饭盒、不锈钢碗、碟等是最为实用的，套叠在一起不仅节约空间，而且可以用作锅、碗、碟等，具有多种用途

### 刀具

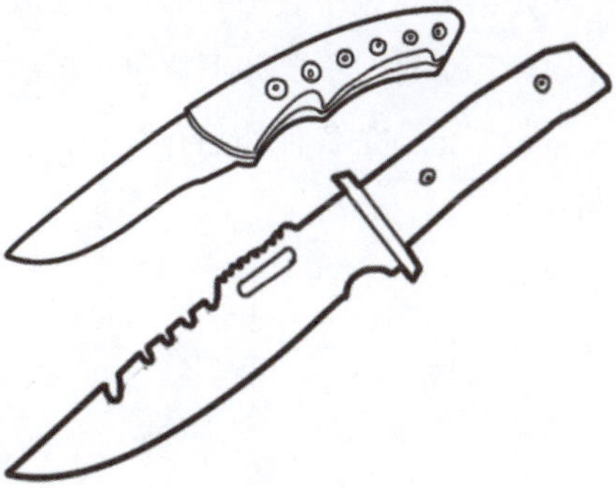

刀具既可用于防身，还是一种非常重要的烹饪工具

# No.006 背包及打包技巧

背包是用来携带各种工具的装备，户外所用的背包无论是容量和功能都比我们日常生活中的背包要更胜一筹。

## 户外用的背包

户外用的背包叫做登山包，是装载各种物资的大背囊。与其他户外装备一样，也有许多类型可供户外爱好者挑选，较小的登山包容量约 20 升，大的甚至能达到 100 升。在选择的时候要考虑自己的实际情况，并非容量越大越好。

登山包设计科学、结构合理、装载物品方便、背上舒适轻松，便于受力传递。因此能够很大程度上节省背包者的体力，减少背负装备的疲劳感。

在没有专业背包的情况下，可以用防水布将所需要携带的物品包裹住卷起来，再用绳子分段将布条绑住，防止其内的物品乱滑。这样就制成了一个简单结实的背包了，在必要的时候可以左右肩轮流背负。

掌握一定的打包、负重技巧，能够帮助你节省体力，并提高使用的便捷性。以下是特种部队队员打包负重的一些常见技巧：

· 背包越轻越好，个人背负的最大重量应为体重的四分之一，绝不装入非必要的物品；

· 背包中的物品装得越高越好，打包时尽量调整背包中的物品，注意不要压迫手臂；

· 打包时平均分配重量，靠近背部的位置切勿放置有棱角的硬物；

· 将物品分类装入塑料袋中，不常用的物品放于最下层，然后再置于背包内；

· 炉具等行进中会用到的物品应放置于侧袋；

· 暂停休息时不要卸下背包，可靠在背包上休息；

· 最好记清楚各种物品存放的位置，这样在使用的时候能够直接找到，而不至于乱作一团。

# 登山包

**登山包多为防水材质，设计合理，能够提高背负时的舒适度**

各类物品最好用塑料袋分开放置

最常用的物品应放在背包上部，不易用到的物品可置于底层

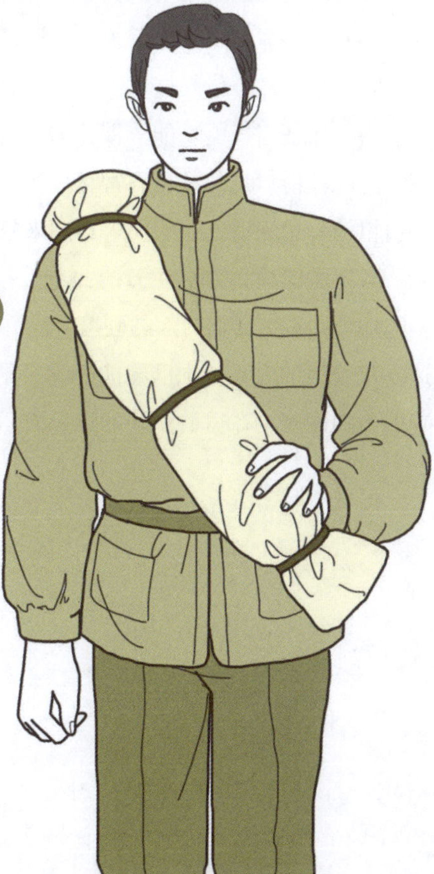

在没有登山包的时候可以选择用防水布自制简易背包

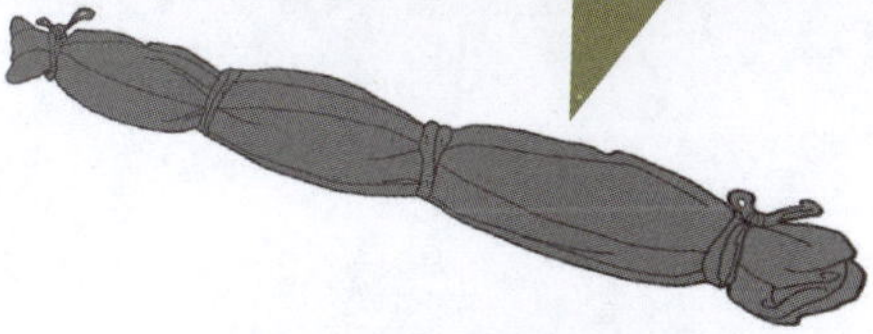

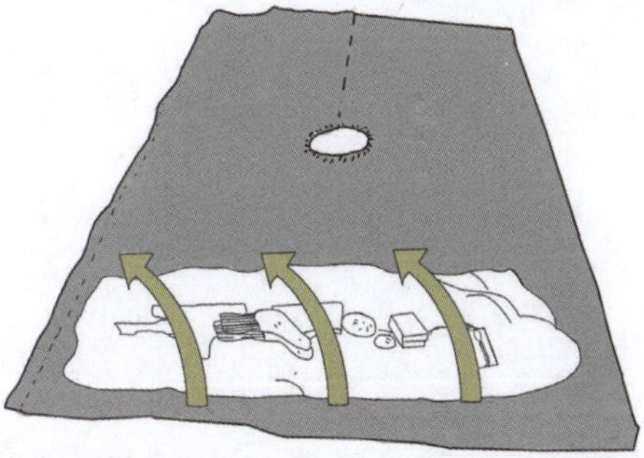

# No.007 刀具的选择

**刀是户外活动中的无价之宝，尤其是野外求生时，专业的户外人士总是随身携带着适合使用的刀具。**

### 具有多种用途并且锋利耐用的刀子最为合适

多功能折叠刀是户外活动中一种必不可少的工具，其便携性以及功能性是许多专业的户外人士所非常看重的。多功能折叠刀兼具了小刀、锯子、螺丝刀、钳子等多种工具的功能，实用性非常强。但是因为尺寸的原因，多功能折叠刀只能算是一种小工具，如果用于野外求生的话就显得有所不足了。

户外活动中，如果只能携带一把刀的话，具有多种用途并且锋利耐用的刀子必然是最为合适的，砍柴、挖野菜或者用来宰杀动物都会用得到。

有的刀柄上嵌有指南针，还有的刀柄中空，内部可以放置药物等救命物品。不过这样的结构并不可靠，中空的刀柄不够坚固，刀柄上的指南针也可能因为多次用力地挥砍而失灵。因此不要过分依赖这类刀具，有时候简单可靠才是最重要的。

为了保证刀子的功能，保持刀刃的锋利是基本的前提。磨砺刀刃是每个户外人士都应该掌握的技能。户外的岩石都可以当作磨刀石使用，砂质岩石最佳。理想的磨刀石最好是一边粗糙一边光滑，粗糙面可以用来打磨卷口，光滑面能够令刀刃更加锋利。

磨刀的时候右手握住刀柄，左手轻压刀面，朝单一方向推送刃口，在收回的时候左手不能加力，避免影响刃部的硬度。也可以用刀把抵住石头，按照顺时针方向不断画圈打磨。适度打磨过的刀具基本已经能够满足求生的需要，而一味追求锋利，过度打磨则很容易影响刀刃的硬度，在劈砍坚硬的目标之后会出现卷刃。

# 多功能折叠刀与磨刀的方法

## 多功能折叠刀

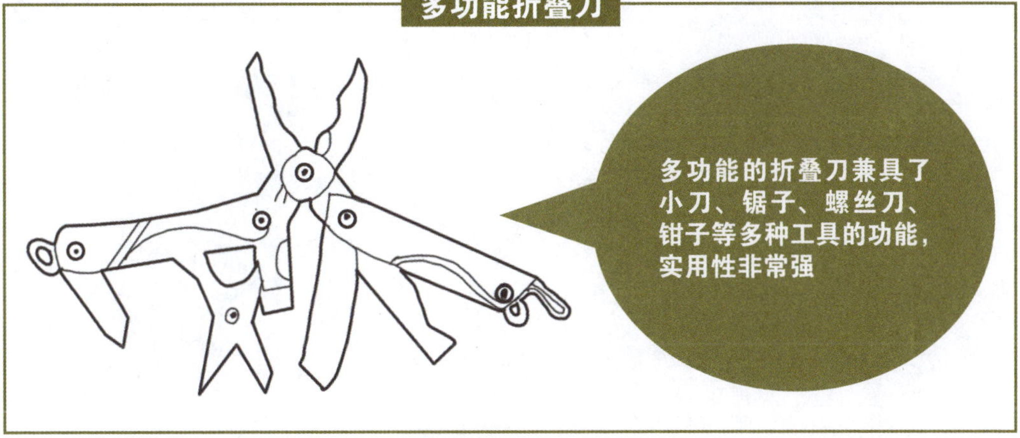


## 磨刀的方法

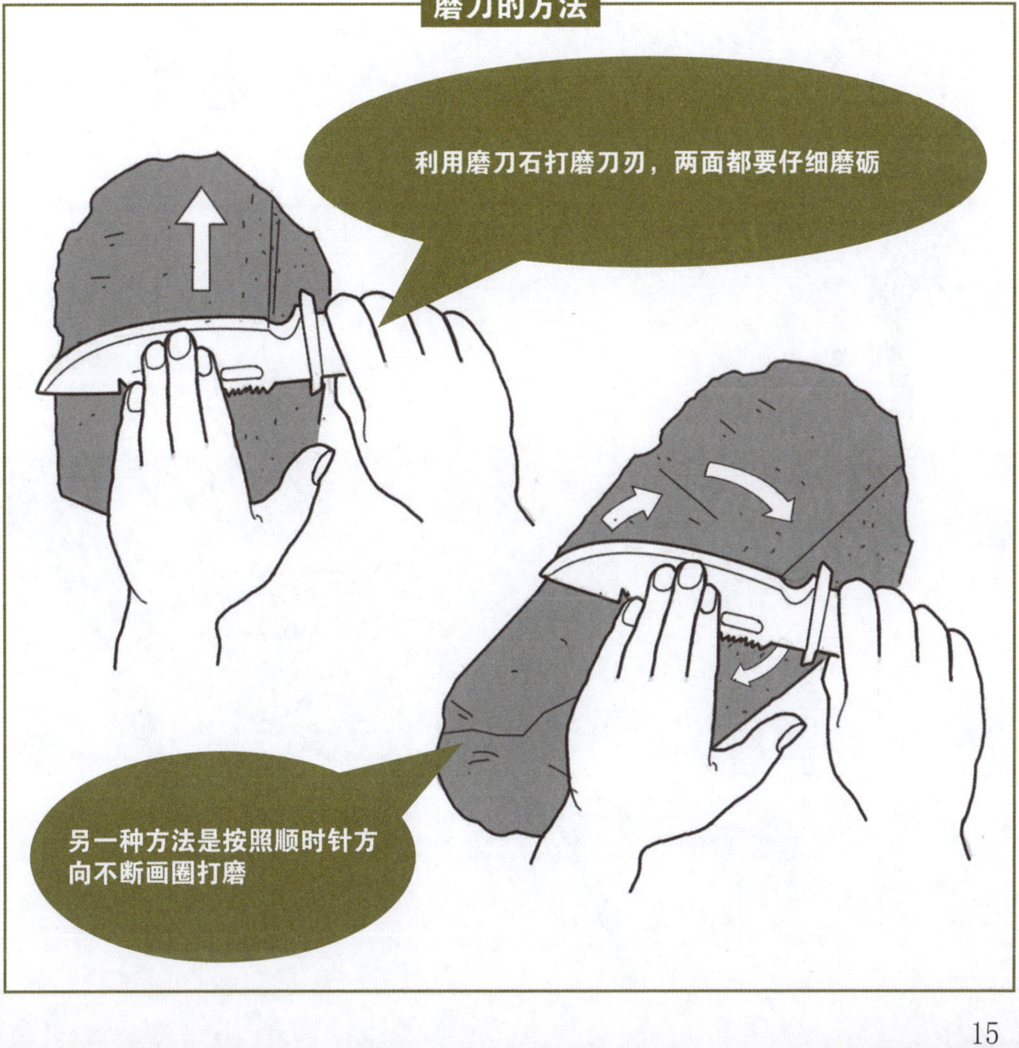

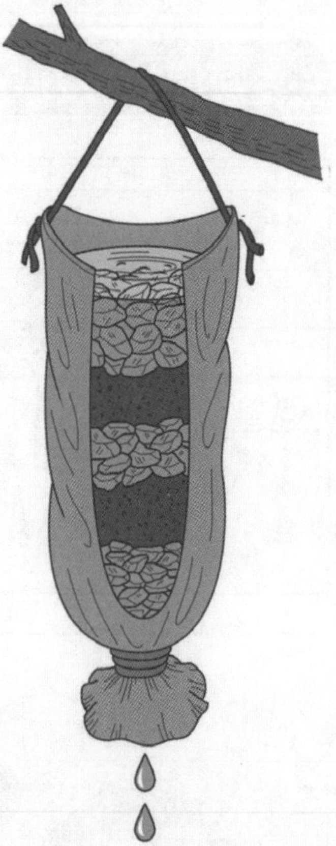

# 第二章
# 野外水源

# No.008 如何寻找水源

能否寻找到水源是人在野外继续生存下去的前提，因此，你必须要具备一定的寻水技巧。

## 在动植物的带领下找到水源，山谷谷底和干涸的河床往往也会藏着地下水

人在求生的时候，哪怕十几天不能进食，只要有水依然能够存活。但是如果滴水未沾的话，可能用不了几天就会死亡。在野外活动的时候，想要寻找到供人生存所需的水源，必须具备一些技巧。

在野外环境中，想要找到水源的话，必须得依赖各种动植物。它们是水源的导向标，仔细追寻动植物的踪迹，它们能带你找到可能存在的水源。

• 昆虫：寻找蜜蜂与蚂蚁的踪迹，有这类昆虫聚居的地方必然有水；

• 鸟类：鸟类常常会聚集在水边。同时要注意，许多水鸟可以连续飞行数天而不饮水，因此看到水鸟不代表附近一定就有水源；

• 种类繁多的植物：这样的景观意味着植物赖以生存的水分靠近地表，容易寻找；

• 兽类：草食性动物会在黎明和傍晚时分饮水，因此附近存在水源的可能性很大；

• 茂盛的草地往往意味着附近就有水源；

• 注意动物的足迹，多半是朝向水边。

其次，还要留意周围的地形地貌，以下几种地理特征往往意味着可能存在水源：

• 在石灰岩或者岩浆岩的地形中常常会出现涌泉，岩浆岩布满孔洞，也可能有水渗出；

• 山谷谷底：沿着谷底的斜坡挖掘可能会发现地下水；

• 已经干涸的河床往往也会富含地下水，在河道外弯处或者岩石下方，通常最有可能发现地下水。

## 河床中的水源

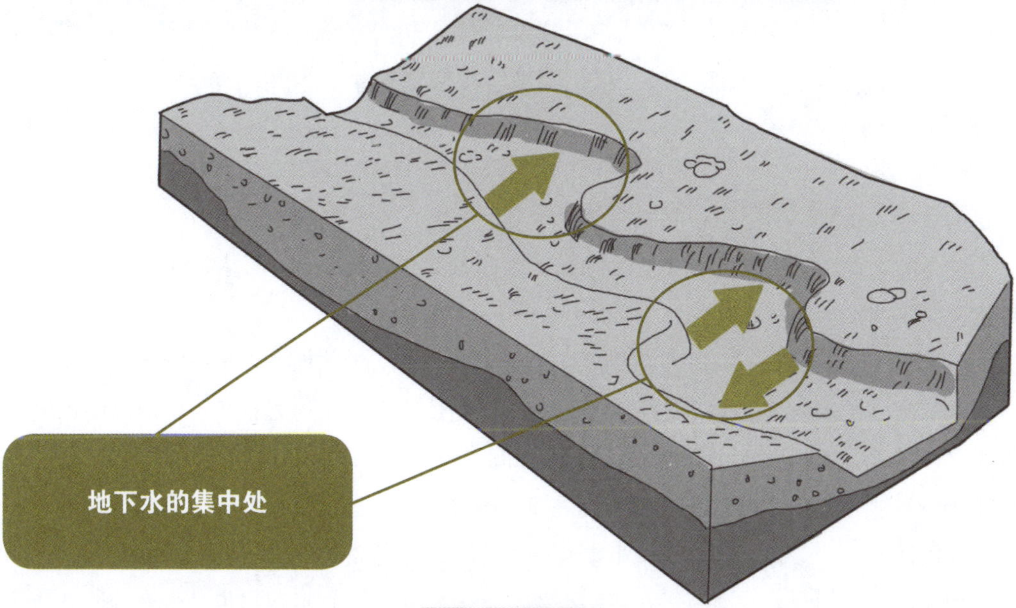


### 有毒的水域

# No.009 如何获取饮用水

在寻找到合适的水源以后，我们需要从中获取可供人饮用的净水。

## 简单加工就能得到净水，没有池塘、河流，可以人工收集露水

野外的水源大多混有大量杂质和细菌，因此就算寻找到了池塘或者河流等水源，直接取水也是不明智的做法。

找到这类水源以后，可以在距离池塘边或者河边 1~2 米的地方挖掘一个坑洞，让池塘中或者河流中的水慢慢渗透到洞中，这样所获取的水比直接从池塘、河流中取出的水要干净很多。这种方法叫做沉积集水法。但是，如此得来的水仍然不能直接饮用，还需要对这些水进行过滤才行。可以自制滤水器，去掉瓶子底部，第一层放小石子，第二层放细沙，第三层放活性炭，第四层放棉花。当水通过过滤层，就完成了过滤净化。

如果没有找到池塘、河流等水源，在植物比较多的地方收集露水也是很有效的方法。使用吸水性能强的棉布等材料擦抹沾满露水的植物叶子，然后将布片上所沾的露水拧入水桶等容器中即可。

利用塑料袋收集从植物叶子中蒸发的水分也是蒸发法的一种方式。将塑料袋套在植物的枝叶上，然后扎紧塑料袋即可。此时需要注意不能让塑料袋内侧与植物直接接触，否则所蒸发凝结的水分可能被植物再次吸收。因此可以在扎紧塑料袋的一头以后，吹气使塑料袋膨胀，然后再收紧末端。

### 美国空军分辨受污染水源的技巧

求生的时候切勿将时间浪费在过滤已经被污染的水源上，通常要避开具有以下特征的水源：

- 发出恶臭味或者水面泛起泡沫的水源；
- 水色异常的水源；
- 周围没有绿色植物正常生长的水源。

## 沉积集水法

所获取的水要经过多次过滤才能饮用

### 收集露水

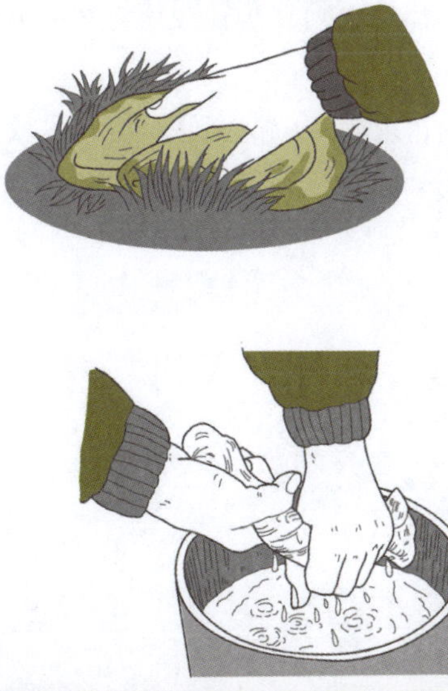

这种方式集水速度比较慢，也比较耗费人力

### 收集植物中的水分

塑料袋末端可以坠上重物，以便于集中水分

# No.010 如何收集雨水

**雨水是大自然赏赐的水源，只要做好集水的准备，在大雨中就能获得足够供人生存的水量。**

1
2
3
4
5
6
7
8
9

**从天而降的水源，比塘水、河水安全，通常可放心饮用**

户外生存时，如果碰上大雨，务必要把握时机储存雨水。此时就需要制作一些简单的工具集水。

最简单的办法就是将布条缠绕在树干上，在布条末端放置容器接水即可。此时最好将所有能用的容器都用来接水，通过这种方法能够连续不断地将雨水导入到自己的容器中，而且，与池塘或者河流中的水相比，以这种方法获得的水通常可以放心饮用。

利用植物制作简易的集雨水槽也是非常有效的方法之一。可以找到具有弧度的大型树叶，将其制成导引雨水进入容器的槽道。

将大面积的防水布撑开接水，也是比较常用的方法。将防水布四角撑起，用石块压住布面引导水流，在下大雨的时候只需要短短几分钟就能收集到好几升水，因此要在下雨前准备好盛水的容器。

还可以直接在地上挖坑并在坑中铺上塑料布蓄水，这种方法与将防水布撑开接水有异曲同工之妙，能够将较大范围的雨水集中起来，所得到的水能够满足以后较长时间的需要。

挖坑蓄水有几个前提，首先，你要有足够的体力；并且还剩有充足的食物和饮水；还有一点，你计划短时间内不会离开这里。

在许多地区，一场充足的大雨都是可遇而不可求的，求生者应把握好时机，尽量多地补充水源。不过伴随大雨的往往是低温，因此在收集雨水的同时，应当做好防寒保暖的工作，尤其是在夜晚。

# 利用布条收集雨水

布条可以持续地将雨水导入容器中，以此种方法获得的水通常可以安心饮用

## 集雨水槽

用大型树叶制成导引雨水进入容器的槽道，将雨水收集

## 用防水布大范围收集雨水

将防水布四角撑起，用石块压住布面引导水流，在下大雨的时候只需要短短几分钟就能收集到好几升水

# No.011 利用太阳能获取水分

太阳的热量会令水分蒸发，但是如果能够有效利用的话，也可以变为收集水分的方法。

## 太阳能蒸发法甚至可从海水或受污染的水中获取纯净水

利用太阳能蒸发法所获取的水量虽然比较有限，但是用来维持生存也是足够的。而且，如果装置得当的话，利用蒸发法获取的水非常纯净。

制造取水装置的方法如下：首先要在地面上挖一个宽、深各数十厘米的洞，在洞中央掘出一个集水的凹坑，为了保证水质，坑中最好放置接水的容器。然后将塑料布盖在洞上，将塑料布的四周用沙土或者石块压好固定，接着在塑料布中央压一块重量合适的石头。取水装置就制成了。

在太阳的照射下，坑里的温度会快速升高，土壤中的水分遇热蒸发以后会凝结在塑料布底部，接着流入容器当中。天气越热，蒸发量越大，得到的水就越多。利用这个方法，每天取水量可达 1 升左右。

这种方法也可以用来从海水或者受污染的水中获取可供饮用的纯净水。在从海水或者受污染的水中获取纯净水的时候，可以将蒸发法和沉积集水法结合在一起，利用土壤对水进行初次过滤，然后再利用蒸发法取水。

还可以用塑料布收集露水。从半夜到天亮这段时间，气温逐渐下降，空气中的水分便凝结成露水，贴附在地面或植物上。早晨将塑料布铺在草丛下面，摇晃草叶，使露水一滴滴地落下来，积少成多，也许能解燃眉之急哦！

无论使用哪种方式所获取的水，最好都进行过滤并净化以后再饮用。

## 太阳能蒸发法

**制作集水装置的时候要注意塑料布四周不能留下空隙，避免水蒸气由此逸散**

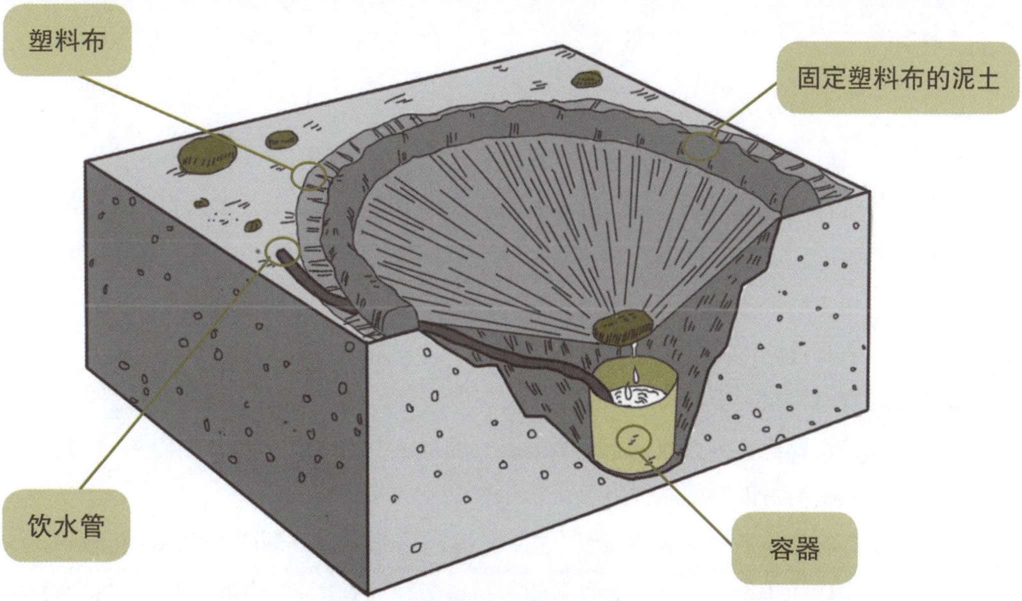


### 咸水蒸发淡化

# No.012 水的过滤和净化

在野外所获取的水并不能保障纯净度，因此最好经过过滤和净化以后再饮用。

## 过滤和净化水的方法

获取了水以后，要对水进行过滤和净化以后才能饮用。利用手头的材料制作简易的过滤装置是野外生存必备的技能。虽然过滤不能从根本上净化水，但是可以去除水中的大部分固体杂质。

我们可以将T恤或者其他棉质的布料制成一个袋子，在袋子里交替铺设沙层和石层，将水缓缓注入，将过滤以后的水盛入容器中就行了。有条件的话，可以架设一个能够制成过滤装置的三脚架，在袋子中装入沙粒、石头、木炭等，将所获取的水多次过滤。

经过过滤的水要比直接获取的水干净很多，但是水中的细菌是无法去除的，因此还需要将水煮沸，杀菌消毒以后就能饮用了。

使用净水锭等物品是净化水的简便方式，通常一升水中放一颗即可达到净化效果，缺点是净化后的水碘味很重。另外，更有效的像高锰酸钾等氧化剂，作用时间更短，而且无异味残留，重要的是，这类化学物品具有很强的杀菌能力。

### 美国特种部队的净水步骤

美国的特种部队队员在学校受训时，就会接受净水方法的训练。他们的净水方法主要有3种：

- 使用净水锭（水清则用一颗，混浊则用两颗）；
- 在水中加入浓度2%的碘，加入碘以后静置30分钟方可饮用；
- 将水煮沸以后持续沸腾10分钟。

## 过滤装置

**装置中的各个滤水层都有其作用，经过多层过滤以后能够有效去除水中的杂质，过滤后的水煮沸以后即可饮用**

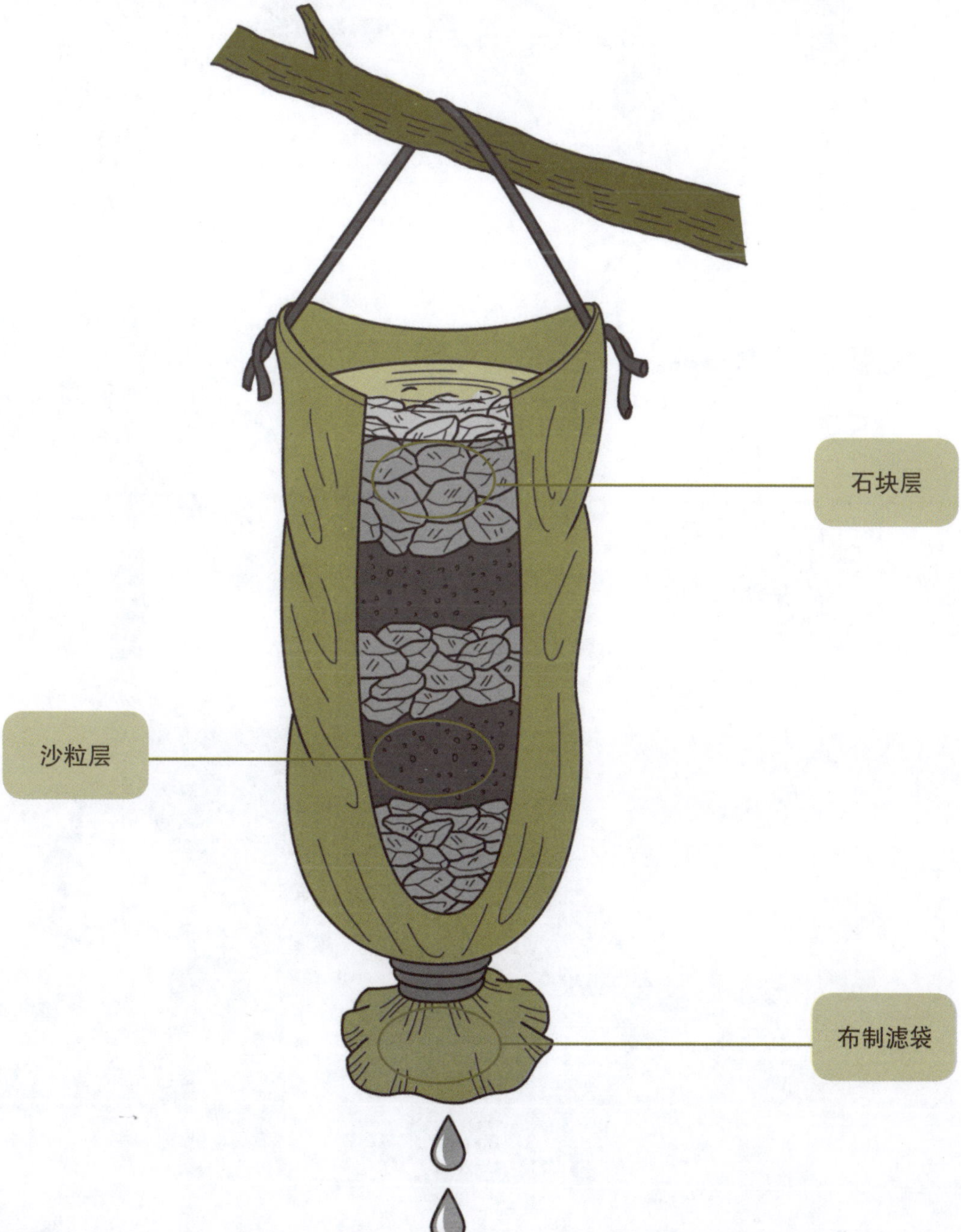

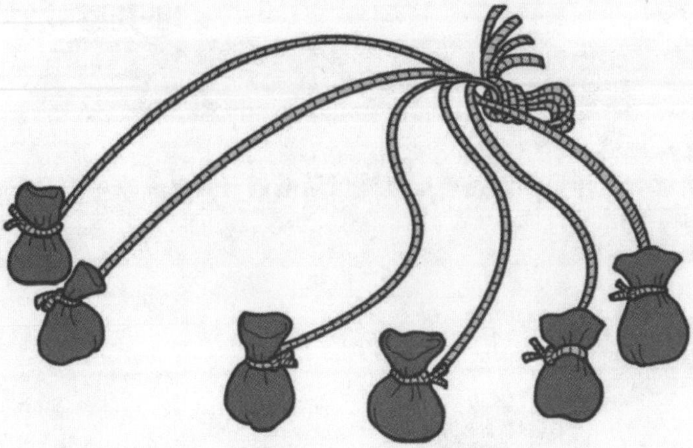

# 第三章
# 食　物

1
2
3
4
5
6
7
8
9

# No.013 人体所需的营养

食物提供给人体的能量和必须的营养，是求生的保障。

**每天应摄取五大类食物，方可确保身体机能正常运行**

成年人即使处于不从事任何体力活动的静止状态，平均每小时也需要70卡路里的热量保证基本的代谢功能。卡路里是热量单位，1卡路里表示将1升水升高1摄氏度所需要的热能。

在野外求生的过程中，每天耗费的能量要远大于70卡路里，如果是在严寒地区，所需的能量更多。而且，不能单纯地填饱肚子就行了，人体必须摄取多种不同的营养才能维持正常的机能。

因此，即使是在恶劣的环境中，也要尽量保证每天摄取五大类食物，确保身体机能正常运行。这五大类食物分别是：

蛋白质：人体组织生长或者修复所必需的营养，在碳水化合物和脂肪不足的时候也能为人体提供热量。主要来源包括谷物、奶类、乳酪、鱼和肉类等。

碳水化合物：是人体所需热量的主要来源。水果、蔬菜、巧克力、奶类和谷物能提供足够的碳水化合物供人体吸收，在野外求生时最好占每日食物摄取总量的一半左右。

脂肪：所含热量最高，来源主要为奶油、乳酪、油类、坚果、动物油脂等。

维生素：调节生理机能所必需的，维生素分为许多种，大多都可直接通过均衡的饮食摄取。

矿物质：人体所需的矿物质包含钙、磷、钠、钾、锰以及少量的铁、氟、碘等。这些矿物质是人体维持正常功能必不可少的。

## 各种营养的来源

**成年人即使处于不从事任何体力活动的静止状态，平均每小时也需要 70 卡路里的热量保证基本的代谢功能**

谷物、奶类、肉类等在碳水化合物和脂肪不足的时候也能为人体提供热量

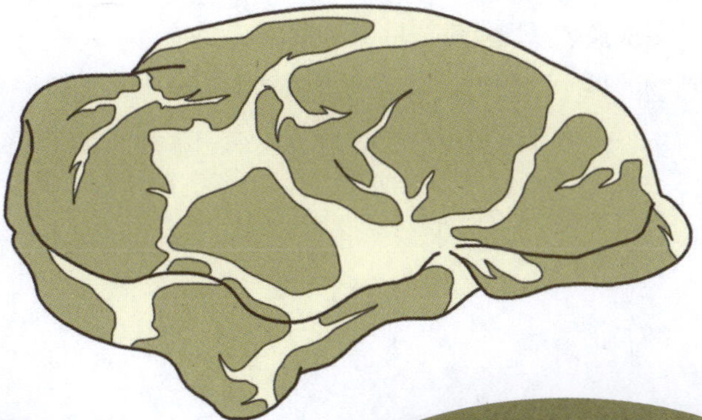

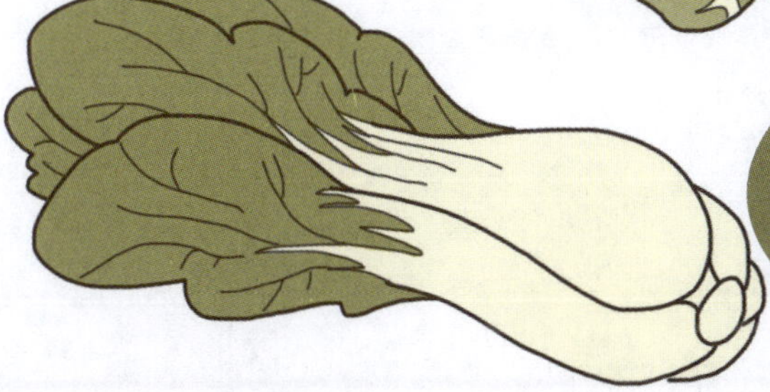

蔬菜可提供人体所需要的多种维生素和矿物质

# No.014 野外可食的植物

植物是野外求生时的主要食物来源之一，野外植物种类众多，需要挑选其中可食的部分食用。

## 许多植物的叶子、根茎、花朵都可食用，其中果实、种子最为珍贵

在求生时，即使随身携带的食物已经消耗殆尽，你也没有必要去忍饥挨饿。全世界有30多万种植物，其中有半数是可以食用的。许多野生植物都可以为人体提供必需的营养物质，加上植物的获取比打猎容易，因此在求生时是非常重要的食物来源。挑选其中能够食用的部分是野外求生必备的技能。有的植物可以完全食用，有的则只有部分可以食用。

叶子可食的植物是野外求生时最易获得的，蒲公英、柳叶菜、山蓼等植物是比较常见的。有的植物不仅叶子可以食用，树心或者茎也可以食用，比如藤类植物、甘蔗等。许多植物的花朵也可以用来食用，比如野蔷薇、辣根、丝瓜等。

植物的果实是最为珍贵的，野外有许多野生的水果可以食用，比如野木瓜、山葡萄、酸枣、拐枣等。

谷类植物和其他草类的种子是很好的植物蛋白来源，可以将其磨碎以后加水煮粥。比较常见的谷粒或者种子可食的植物包括：稻子、谷子、水椰、马齿苋、罗望子等。

坚果也能为求生者提供丰富的蛋白质，大部分坚果可以直接生吃。能够食用的坚果包括：杏仁、菱角、松果、腰果、榛果、胡桃、橡子等。不过像橡子之类的坚果最好还是煮熟以后再吃，多次换水煮熟能够去除其中的苦味。

在食用植物的果实之前可以留心附近的鸟类，任何鸟能吃的果实人都可食用，可食用的果实多数可生食，多汁的果实最好煮食，大个、坚韧的或硬皮的果实最好是焙或烤。

## 可食植物

植物的果实是最为珍贵的，野外有许多野生的水果可以食用

悬钩子

苹果

温带地区夏季常见的可食植物，能够提供多种维生素、蛋白质、糖分等营养

### 坚果

胡桃

栗子

坚果富含大量蛋白质和脂肪，是求生时极佳的食物

# No.015 如何分辨可食性菌类和有毒菌类

菌类在野外是非常常见的，许多菌类经过简单加工就能食用，为人体补充营养。

## 在分不清有毒没毒的时候最好放弃

采食菌类的时候需要十分谨慎，有些菌类的毒性甚至可以致命。目前并没有一种能够分辨可食性菌类和有毒菌类的通用方法，只能根据各种菌类的特征加以辨别。

在野外地面上比较常见的可食性菌类有大秃马勃、褐环乳牛肝菌、鸡油菌、蘑菇、草原山蘑、喇叭菌等。生长在树上的可食性菌类有牛舌菌、绣球菌、硫黄多孔菌、宽鳞多孔菌、平菇、蜜环菌等。

如果切开后切面呈黄色则表示含有毒性。常见的几种有毒菌类如黄斑蘑菇、锥鳞白鹅膏菌、毒鹅膏菌、毒蝇伞、豹斑鹅膏菌等。有些菌类有毒，但经过水洗、水煮、晒干或烹调后，毒性会减少或消除。

误食有毒菌类后，应尽快设法排除毒物。可用温盐水灌肠导泻外，对中毒后不呕吐的人，还要饮大量稀盐水或用手指按咽喉引起呕吐，用1%的盐水或浓茶水反复洗胃，以免机体继续吸收毒素。

**可食性菌类营养价值极高，但千万不要以身试毒，在无法准确判断是否有毒的情况下最好放弃。**

### 英国空军特勤队如何挑选可食性菌类

在选择菌类做食物的时候要非常谨慎，要谨记以下原则：

- 避开所有具有白色菌褶、菌托（菌柄末端生有杯状附属物）和菌环的菌类；
- 避免取食已开始分解或者长虫的菌类；
- 如果不能确定菌类种类不要轻易食用。

## 可食性菌类

### 常见的几种可食性菌类

### 有毒菌类

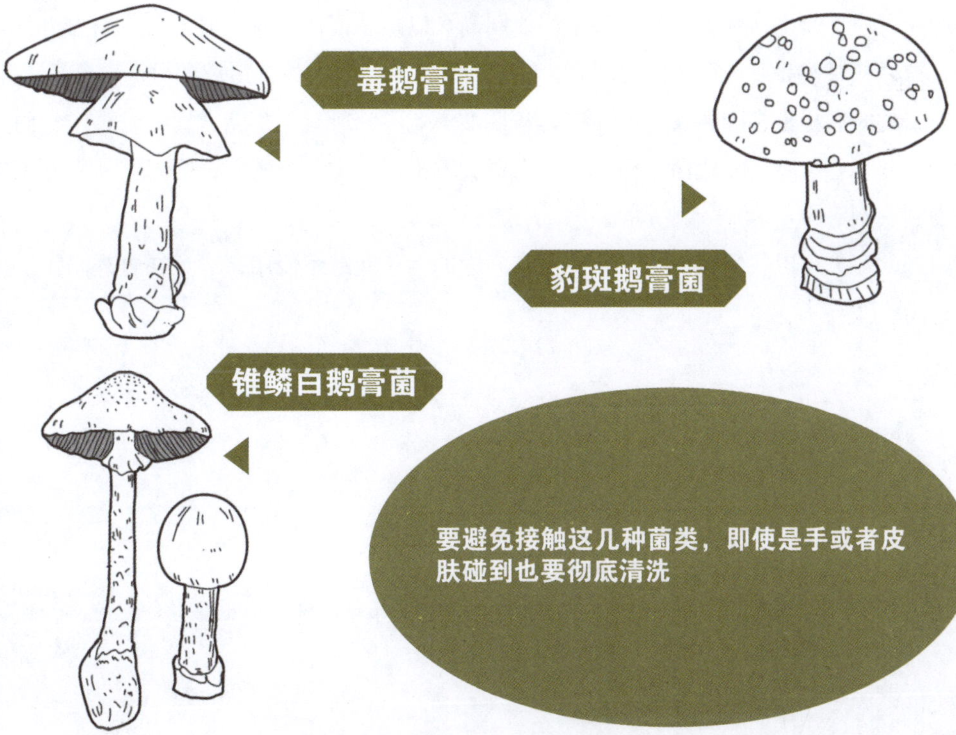


要避免接触这几种菌类，即使是手或者皮肤碰到也要彻底清洗

# No.016 自制狩猎工具——弓箭

弓箭是一种历史悠久的武器，能够从较远距离进行攻击，非常适合用来狩猎。

## 制弓时要选择所在地可见的树种，狩猎时要多备几支箭

制弓的时候要选用最好的木材，小树的枝条韧性不足，容易折断，因此最好多做几把弓备用，便于替换。

紫杉木最适合用来做弓，但是并不是所有的地区都能找到紫杉木，所以要因地制宜，选择所在地可见的树种。

弓的制法如下：将一根长约 120 厘米的枝条削为中间粗、两头细的木条，在木条两端削出系绳用的凹槽，可以的话在木条上涂上油脂加以保养。制作弓弦的材料以生牛皮绳最佳，没有的话其他材料也可以，将其绑在弓身两端的凹槽上拉紧即可。

箭矢可以用60厘米长，直径6~8毫米的长直木杆制作，箭身表面应尽量削得平滑笔直，在木杆其中一端削切出可容纳弓弦的凹槽。箭羽可用羽毛或者轻质的布、叶片等制成。箭头可以用石头、兽骨或者烧过的木头制作。

射箭时应将箭搭在弦上，将弓举至视线同高。以左手握住弓身中部，右手用力将弓弦后拉，拉弓的时候箭要与视线保持同高，瞄准目标以后流畅地放开弓弦即可。

狩猎的时候尽量多准备几支箭，作为备用。毕竟不是所有人都能做到百发百中，而且许多动物并不容易被一箭毙命，而且动物在遭到攻击以后常常会发狂，这时候需要继续放箭，直到它倒下为止。

用过的箭矢可以找回来检查，如果没有问题的话还能继续使用，毕竟在野外制作工具并不容易。

## 弓箭

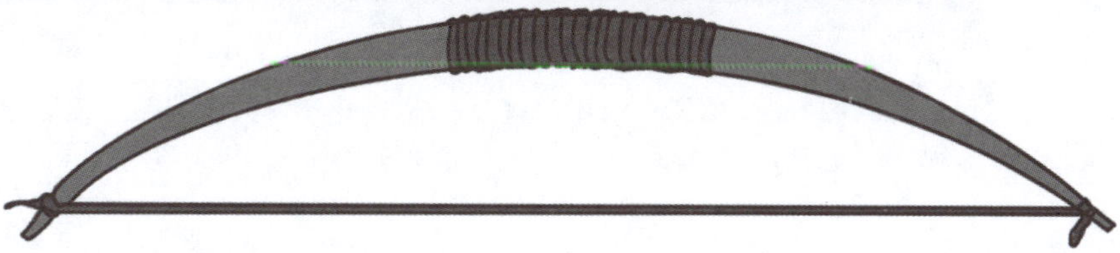

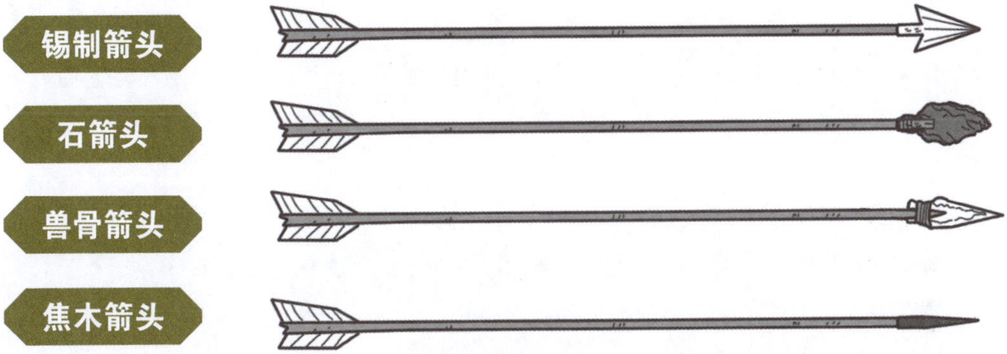


### 弓的制法

1 挑选弹性足够，富有张力的木条

2 选择没有损伤或裂缝的木棍

3 将弓弦系在弓上

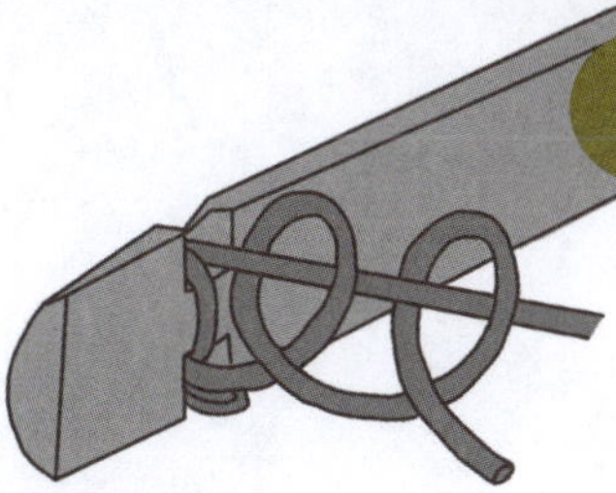

弓身中段较宽以利握持

# No.017 自制狩猎工具——矛

矛是一种近距离刺杀的武器，制作简单，可以用来捕鱼或者猎杀野兽。

## 多种矛头更实用，面对不同猎物可及时更换

矛的结构非常简单，最简易的矛只要将木棍前端削尖即可制成。但是这种矛很容易折断或者磨钝，因此最好将兽角、兽骨、石头等削尖制成矛头，用绳子固定在木棍前端。

尖锐的矛头能够很大程度提升矛的杀伤力，用尖锐的矛猎杀小动物的话要比木棍容易很多。

捕鱼用的矛更像是叉，矛头为三叉式，在木棍前端固定三根细长尖锐的尖刺或者骨头。这是因为鱼身非常滑溜，用这种矛头捕鱼要比单一的矛头更加有效。

即使在野外，制作矛所需要的材料和工序也并不复杂，因此最好制作多种不同用途的矛头，以便在面对不同的猎物时更换。

如果想要从稍远距离攻击猎物，可以制作一个简易的投矛器。找一根较粗的木条，在木条中开出一条槽道，用来放置矛。投矛器可以增强投掷的力道，增加射程和穿透力，不过使用难度比较大，需要多加练习才能命中目标。

即使是面对中小型动物，也一定要当心！动物们在遭到攻击以后往往会不顾一切地冲撞或者撕咬对方，这时一定要做好防卫，并且通过手中的武器发起致命一击。一旦被动物咬伤，后果非常严重，万一伤口感染的话，很可能会危及到求生者的生命。

## 各种不同的矛头

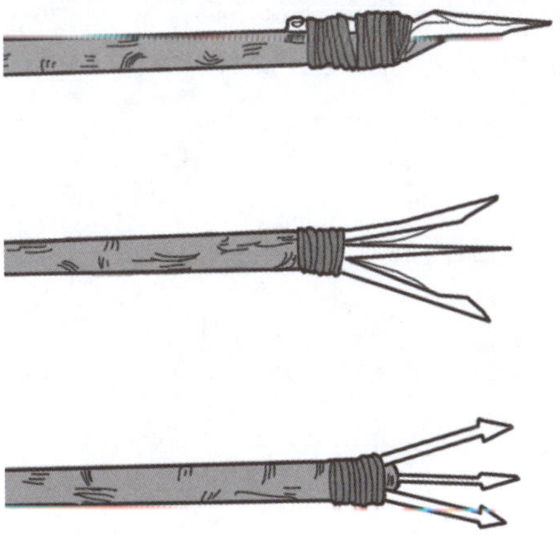

木制

骨制

三叉式

制作多种不同用途的矛头，以便在面对不同的猎物时更换

### 鱼叉

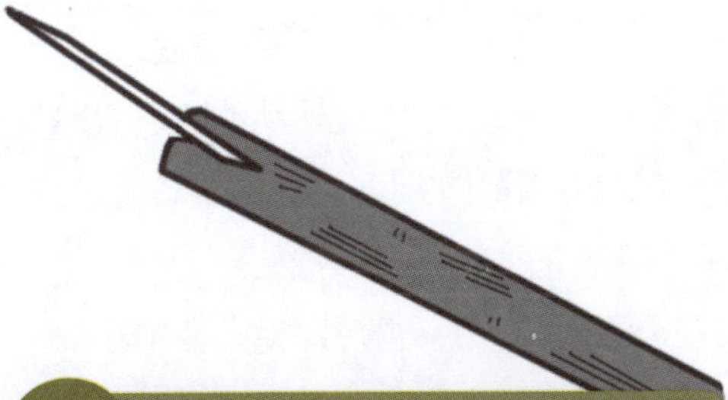

1 将坚固的尖刺插在木棍的一端

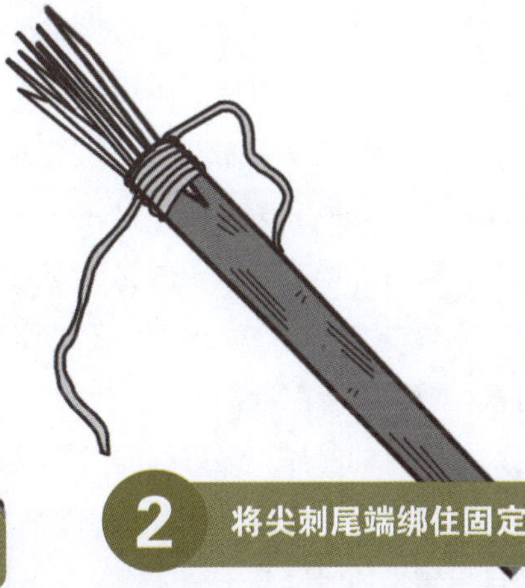

2 将尖刺尾端绑住固定

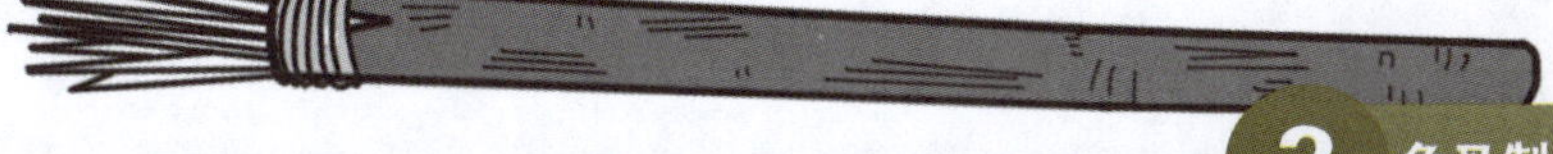

3 鱼叉制作完成

带尖刺的鱼叉是最佳的捕鱼工具，多根尖刺可以牢牢扎住鱼

# No.018 弹弓、投石索、捕兽绳

**野外求生者捕猎动物的时候常常更倾向于一些中小型的猎物，这时可以使用弹弓、投石索、捕兽绳等工具。**

## 捕猎中小型猎物的有力工具，别招惹野猪、熊等攻击性强的大型动物

弹弓可以发射石块、钢珠等弹丸，用来捕猎小型动物或者鸟类非常实用。在野外制作弹弓的时候，可以用一根坚韧的 Y 形树杈以及弹性材料（轮胎内胎等材料即可）制成。在弹性材料中部要加上布块或者其他材料制成的袋状结构，两头分别系在树杈的两个分叉上即可。

投石索是一种用来抛掷石块的工 具，制作时需要一条长绳或者皮带，在其中段要设置盛装石块的囊袋。使用的时候不断旋转挥舞，然后朝猎物的方向松开绳带，将弹丸射出。使用投石索攻击目标时，需要相当的技巧才能命中。

捕兽绳可以用绳子、石块、布袋等制成，通常为多球，也就是由多根绳子连接多块石头制成的工具。捕兽绳的制法并不难，先用布袋等包住石块，再分别系上长约 90 厘米的绳子，将多根绳子的另一头绑在一起。

使用捕兽绳的时候手握绳子的相接处或者其中一个布袋，连续挥动数圈以后向目标投去。可以用来攻击空中的飞禽或者地上的野兽，捕兽绳命中以后会将目标缠住，当其行动不便的时候，就有机会靠近捕杀。

使用这些工具的时候，最好提前潜行靠近，然后再全力一击。即使是捕猎小型动物的时候也不能掉以轻心，要将目标打晕或者打死以后再用手抓，否则可能会被咬伤。

**选择目标猎物的时候要十分谨慎，千万别招惹野猪、熊、野牛等攻击性强的大型动物。**

## 弹弓

利用强劲有力的弹弓能够轻松击毙小鸟、松鼠、兔子等小型动物

### 投石索

长条皮带是最理想的制作材料，最好在皮带上涂油避免皮革龟裂

### 捕兽绳

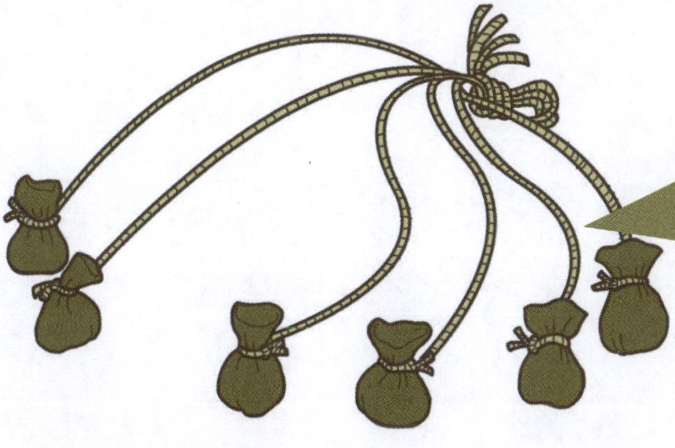

绳子和布袋旋转的过程中会缠住动物腿部，可以有效击倒奔跑中的动物

# No.019 利用圈套捕猎

圈套是一种比较省力的捕猎方式，可以用来捕捉野兔、松鼠等猎物，最好根据目标选择陷阱的类型和尺寸。

## 针对目标设置圈套，必须选择坚韧的材料制成

圈套可以用金属丝或者细绳制成，动物在钻入以后会套住其头部或者腹部并束紧，动物在挣扎的过程中可能会被勒死或者缚住。

设置了圈套以后，每隔一段时间就应该前去检查是否有猎物，一方面是确认圈套是否有效，另一方面也要确保猎物不会被其他肉食动物叼走。

市面上可以购买到专业人士制成的圈套，这种圈套十分坚固并且可以自动锁紧。自制的圈套也十分有效，不过必须选择坚韧的材料制成，避免猎物挣扎的时候弄断。

金属丝是非常适合制作圈套的材料，金属丝具有一定的硬度，便于固定，而且足够坚韧，即使猎物用力挣脱也很难弄断。

**布置圈套的时候要注意**：绳圈要设置得比较松弛且不能被卡住，这样才能保证猎物经过的时候可以束紧；圈套与地面之间要保持一定的距离；不要踩踏到动物留下的足迹，因为许多动物会因此而警觉，避开圈套所在的地方。

圈套应该设置在哪些地方呢？

- 动物频繁出没的地方或者动物吃草捕食的地带；
- 靠近动物的巢穴或者其储存食物的地方；
- 在圈套周围布置草木等障碍物，使动物靠近以后只能从圈套经过。

## 各种圈套

金属丝或者细绳都可以用来制作圈套，不过前者为佳。因为金属丝不仅容易固定，束缚住猎物以后也不易松脱

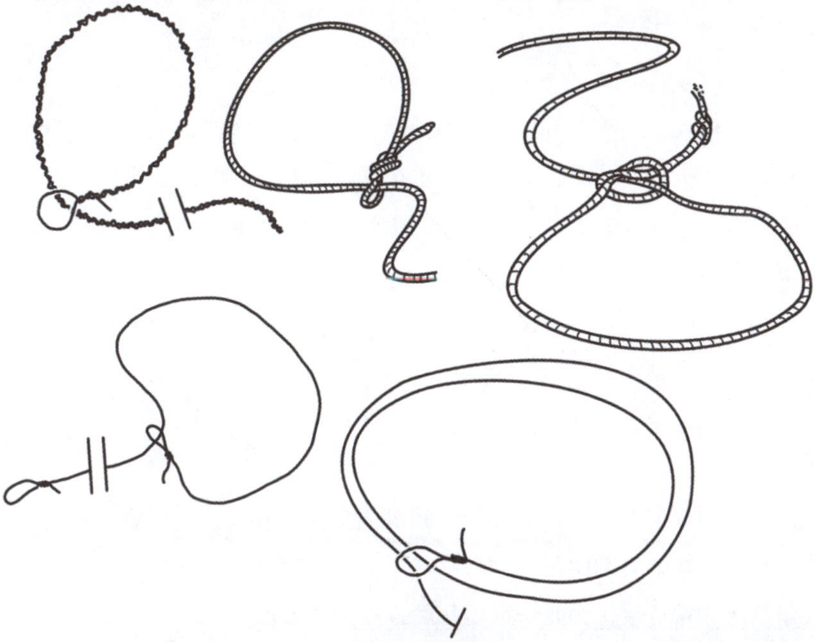

### 简易圈套

# No.020 各种用来捕猎的陷阱

用来捕猎的陷阱分为很多种，圈套也属于陷阱的一种，其他还有重物陷阱、飞矛陷阱等。

## 重物陷阱

这类陷阱的原理比较简单，利用诱饵引诱猎物，猎物在诱饵的引诱下靠近陷阱，一旦咬住诱饵，就会引发机关，使重物落下，将正在吃诱饵的猎物砸伤砸死。

重物陷阱可分为许多种，但其中多数都是上述原理，也有一些会设置绊线，当猎物绊到绳线或者棍棒等机关时就会启动陷阱。

设置重物陷阱的时候切记不能走到重物下面，否则可能还没捕获到猎物，自己就已经成为头号受害者。

## 飞矛陷阱

这种陷阱的实用效果非常好，只要用绊线等固定住具有弹性的棍棒，再将矛绑在棍棒上，当机关触动的时候就会刺中目标。

**误触飞矛陷阱非常危险，因此一定要从后方逐渐靠近。**

## 捕鸟陷阱

这种陷阱主要用来对付鸟类，分为多种。

可以在饵食中加入小石块抛向空中的鸟群，一旦有鸟吞下饵食，就会被石块卡住坠地；或者在果实或者其他饵食中藏入鱼钩，当鸟吞下饵食的时候会被鱼钩卡住；也可以制作圈套，在树枝或者棍棒上系上数个直径 1.5~2.5 厘米的绳套，将此装置放于鸟类喜欢栖息的树上或者筑巢地，当其落下再起飞的时候就会被缠住。

## 重物陷阱

设置陷阱时可以放单个重物，也可放置多个，以提高命中率

### 飞矛陷阱

应根据目标猎物的体型调整陷阱的高度

# No.021 寻找可食的昆虫

捕食昆虫无需太过复杂的技巧，它们是一种非常容易获得的食物。

## 如何寻找昆虫

在世界各地都很容易找到可食的昆虫，尤其是热带地区。其中大部分昆虫都可以食用，但是也要留意其中一些比较危险的种类。色彩鲜艳，有强烈刺激性气味的昆虫最好也不要吃，它们可能有毒，还有多毛的、会咬人的昆虫，以及那些可以传播疾病的昆虫，如苍蝇，虱子、蚊子等最好不要食用。

要以昆虫作为食物的话，必须要熟知各种寻找昆虫的技巧。

• 寻找昆虫的时候千万不能大意，因为在其巢穴中可能会有蝎子、蜘蛛、蛇等危险的动物；

• 不要吃以粪便为食物的昆虫，它们会传染各种疾病；

• 不要吃颜色过于鲜艳的昆虫，这类昆虫通常都有毒；

• 不要吃叶子背面的甲虫幼虫，它们会分泌毒液；

• 有的蚂蚁有毒，最少要将其用沸水煮 6 分钟以上，等毒素被破坏以后才能食用；

• 水可能会受到污染，因此在水中抓到的昆虫都要煮过以后才能吃；

• 食用蟋蟀、蝗虫等昆虫时，要先切去其头、腿、翅膀。

白蚁是一种营养价值很高的昆虫，而且它们是成群聚集在蚁窝中，找到以后能够获得相当数量的食物。

不过白蚁的蚁窝十分坚固，需要花费一番工夫才行。当然，如果不考虑到白蚁逃走与自己所抓到的数量的话，直接用石块砸开蚁窝也可以。

## 取食白蚁的方法

# No.022 如何处理猎物

肉能为人体补充大量营养和能量，因此哺乳动物是求生者猎杀的主要目标，在捕获到猎物以后，要怎样处理呢？

## 先去内脏再剥皮，血、心、毛、骨都有用

捕获到猎物以后，需要经过进一步加工才能食用。首先要将猎物宰杀，宰杀时要尽量留下兽血，因为兽血中含有丰富的维生素和矿物质等营养。

处理猎物的时候，先将其倒挂在支架上，从肛门开始下刀。如果猎物是雄性，可沿着生殖器切割，但是要避开与生殖器相连的膀胱等部位。如果是兔子的话，可以先用大拇指从其腹部往下按，将膀胱中的尿全部挤出。

接着将食指与中指插入毛皮下，夹住刀片一直切到下巴部位。然后将胸腔的隔膜切开，剖开以后将气管等切除，然后将猎物翻面让内脏流出，接着切开盆骨割除肛门，内脏部分就处理完毕了。

去除了内脏等以后就可以剥皮了。先从腿部开始处理，可以将膝关节以下的部分切除，再从腿部内侧往下割开，然后将整只动物的毛皮从尾部开始向头部方向剥除。

除了动物身上的肉，其他部分也可以食用或者用作他途。

- 血液：可以作为很好的汤底材料；
- 心脏、肝、肠、肾等：没有变色的话都可以食用；
- 毛皮：可以用来缝制衣服或者其他物品；
- 肌腱与韧带：可以当做绳子使用；
- 骨髓：营养价值很高；
- 骨头：可以制成工具或者武器。

# 如何除去鹿的内脏

**鹿的体型比较大，处理起来十分麻烦，不过完工以后可以获得大量鹿肉**

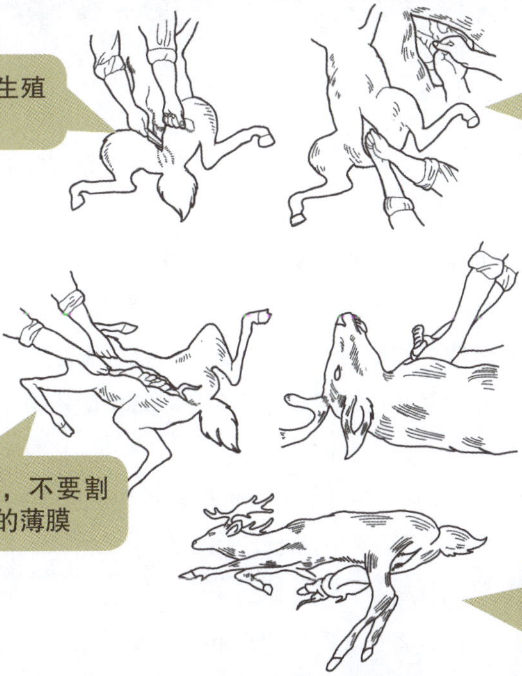

1 沿肛门和外生殖器周围切开

2 将手指戳入切口后分开毛皮和体内的薄膜

3 剖开到颈部，不要割到包裹胃部的薄膜

4 尽量将气管去除

5 将鹿翻面，让内脏等流出

## 剥除兔皮

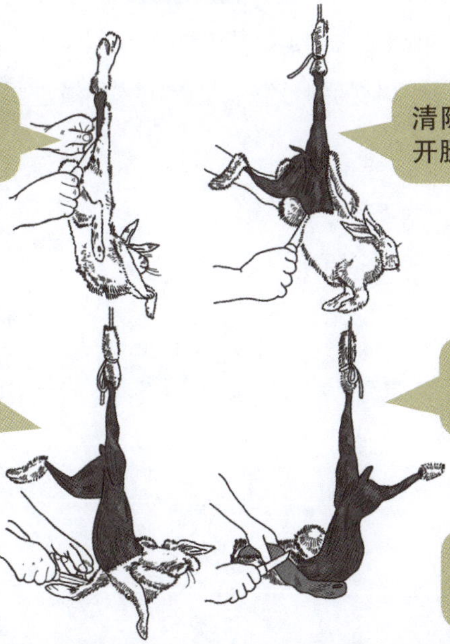

1 剥下的兔皮可以用来缝制衣服或者其他物品

2 清除兔子的内脏之后割开腿部周围的毛皮

3 将毛皮从下半身开始剥开

4 剥除至头部，将前脚切除

5 将整张毛皮从头部剥下

# No.023 捕鱼的技巧

学会捕鱼对于野外求生者非常重要，鱼类是野外主要的食物来源之一。

### 几种常见的捕鱼方法

在世界各地的海洋、河湖、溪流中都有鱼类，加上捕鱼的难度相对较低，因此，鱼是野外求生者主要的食物来源之一。

鱼钩等捕鱼工具在野外是十分珍贵的，如果求生者随身带有的话自然无需多说。若是没有现成的鱼钩，也可以自行制作。右图的示范可以教你如何制作鱼钩。用别针或者金属丝制成的鱼钩不仅比树枝制成的鱼钩更加耐用，而且钓到鱼的成功率也更高一些。

钓鱼的方法有很多种，最常见的是在鱼线末端绑上鱼漂、带饵的鱼钩之后将其沉到水中或者浮在水面，偶尔拉动一下鱼线吸引鱼上钩。

还有一种叫做飞蝇钓的捕鱼方法，在棍棒或者鱼线前端的鱼钩上挂上颜色鲜艳的羽毛，不断在水面挥舞。一些鱼会在羽毛的吸引下跃出水面咬钩。

排钩钓法是在水中放入绑有多个鱼钩的长绳，隔天再来收绳。使用这种方法的时候最好在水中的不同高度设置两道以上，能够有效提高捕到鱼的概率。

在小溪中捕鱼时，制作简易的篮网是一种非常实用的办法。用树枝或者竹篾等编制成细长的篮网，一端开口，一端封闭。将口朝向上游，用石块等把篮网固定在水中，当鱼顺水而来时会进入网中，如果想掉头逃走，则会被卡在网格中。

无论采用哪种方法，成功地捕到足够数量的鱼才是最重要的。

# 制作鱼钩的方法

**利用树枝或金属丝都能制作鱼钩**

**制法一：**

割下一段树枝 ▶ 在一端切出凹槽，并削出一个倒钩 ▶ 将鱼线绑在凹槽上

**制法二：**

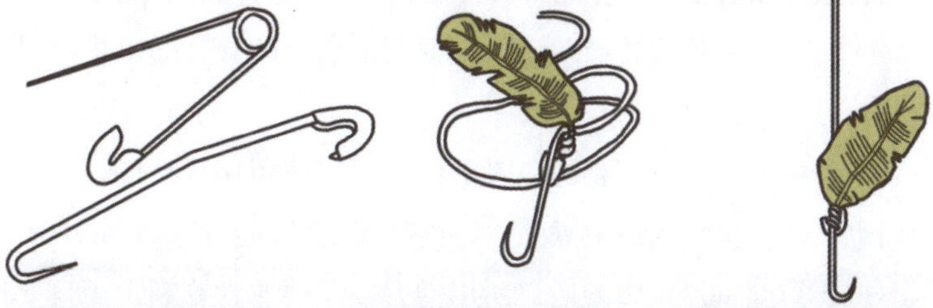

将别针或者金属丝掰成钩状 ▶ 将金属钩和鱼线、羽毛绑在一起 ▶ 鲜艳的羽毛可以诱鱼上钩

## 捕鱼篮网

# No.024 如何处理鱼肉

捕到鱼以后，怎样处理才能最大程度地得到所需的鱼肉呢？

## 通过切割可得到整片鱼肉，没有工具则可将整鱼下锅煮熟

在处理鱼的时候，首先要从鱼的肛门处将鱼身剖开，一直剖到鱼鳃的位置。接着将手伸进鱼身中掏出内脏，清理完内脏以后用水将鱼洗干净，尤其是鱼的腹腔内部，鱼身内部贴着脊骨缝的地方，容易残留污血，要挤压干净，这样处理以后能够减少腥味。

将鱼清理干净以后，需要做的是切除鱼鳍和鱼尾等不能食用的部位，然后从鱼身下方将鱼切透，沿着脊骨剔至腮部，鱼身两侧也以同样的手法处理。

此时，如果处理妥当的话，将拇指沿着鱼的脊骨插入鱼身以后向外拉，应该可以将脊骨和肋骨一起拉出。

如果没办法去除完整的鱼骨的话，可以将鱼切片烹饪。剩余的鱼骨和附着在鱼骨上的鱼肉也可以直接放入锅中煮熟，一锅鲜美的鱼汤就这么做成了！

想要得到整片鱼肉的话，所用的刀一定要非常锋利，而且要技术熟练才行，因此一般人开始很难做到。如果没有适合的工具，可以掏出内脏以后将整条鱼直接下锅煮熟，无需切片。

通常我们在吃鱼的时候多会刮去鱼鳞，事实上，鱼鳞不仅可以吃，营养学家还发现，鱼鳞含有较多的卵磷脂、多种不饱和脂肪酸，还含有多种矿物质，尤以钙、磷含量高，是特殊的保健品。因此，如果不觉得难以下咽的话，最好留着鱼鳞一起烹煮。

## 切取整片鱼肉的方法

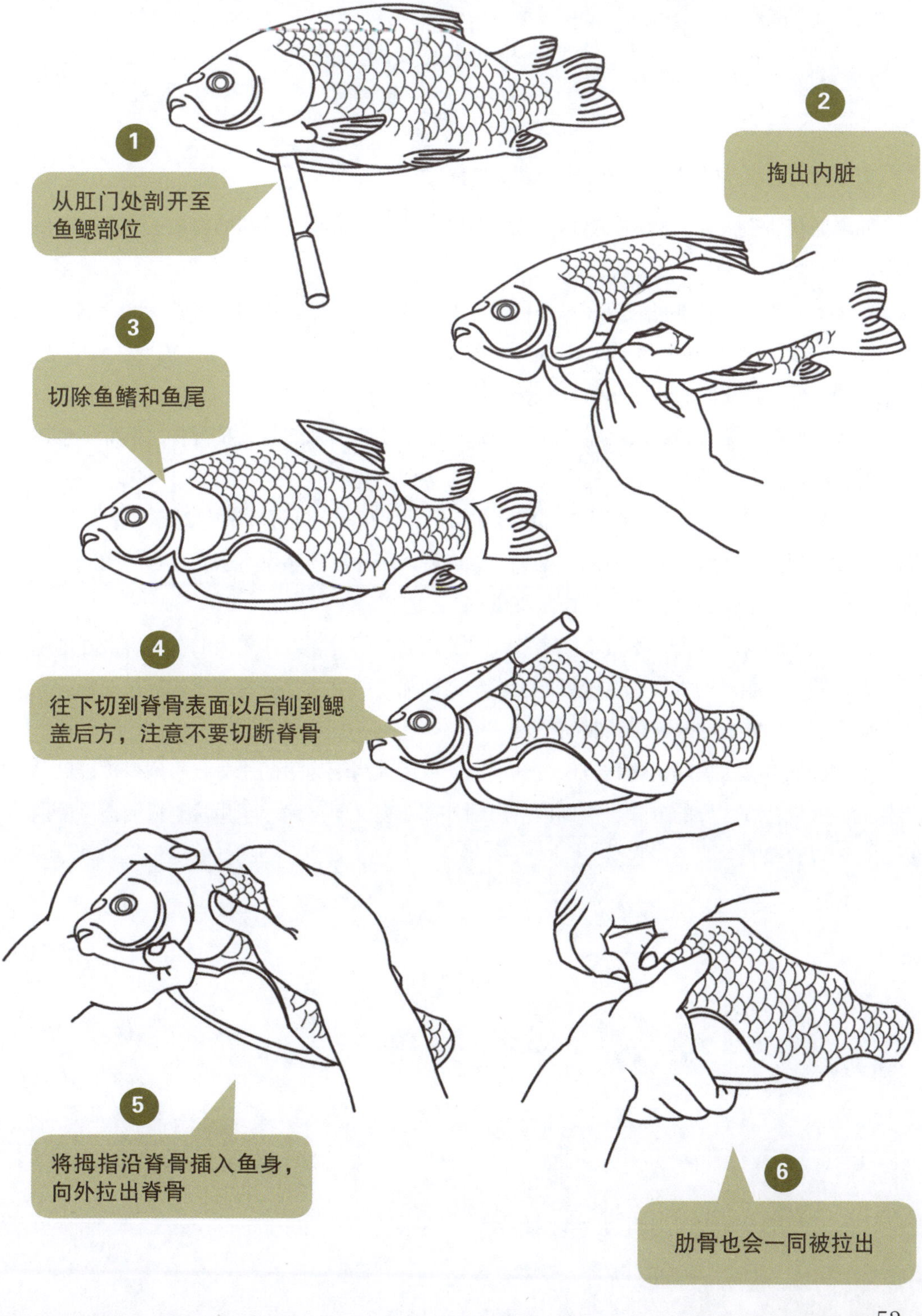
1
从肛门处剖开至鱼鳃部位
2
掏出内脏
3
切除鱼鳍和鱼尾
4
往下切到脊骨表面以后削到鳃盖后方，注意不要切断脊骨
5
将拇指沿脊骨插入鱼身，向外拉出脊骨
6
肋骨也会一同被拉出

# No.025 加工与储藏食物

**捕获到猎物以后往往可以获得大量食物，将这些食物储藏起来留作以后食用非常重要。**

## 稍作加工之后再储存，干熏法比烟熏法更好

如果捕获到一次无法吃完的猎物，务必要以合适的方法将所得到的肉加工处理，以便日后食用。

要是冬天的话，可以将肉放在户外自然冷冻。首先，要将大块的肉切成厚度合适的肉片；然后用稍粗一些的树枝搭成“人”字形木架，将肉片均匀地晾在架子上；需要注意的是，要记得用树枝等盖住肉，防止小型野兽、鸟类等靠近啄食。

夏天要储藏肉类的话比较困难，而且肉的气味可能会引来熊等大型野兽，谁都不想在自己的营帐附近存在类似的潜在危险吧！

除了马上要食用的肉，其余的肉都应该加工以后保存。在低温环境中，肉不容易腐坏，因此应尽量保持存储食物的场所阴凉干爽。可以将肉切片后晾在没有阳光直晒的阴凉处，肉片表面在空气中会逐渐脱水，延长保质期。

也可以架起火堆熏肉，不过不能烤熟，只要用烟熏就行了。在熏肉的时候，最好避免用松、柏等气味刺鼻的木材，这样可能会影响肉的味道。如果存放的环境能够长期保持凉爽干燥，熏好的肉能够放置很长时间。

干熏法比烟熏法更好，这种方法是利用阳光或者火烤干肉里的水分，等肉变烫以后稍微挪远，重复持续这样的方式，直到肉从内到外都变得又干又脆。干熏法制成的肉保质期更长，可以直接嚼食或者加水烹煮。

## 风干架

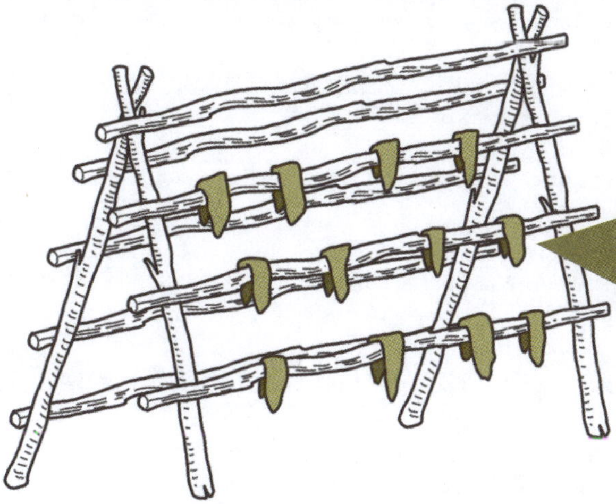

打造简易的架子晾晒肉片或者蔬菜，不过要注意防止其他动物偷吃

### 保存猎物

需要短时间保存的时候可以先将猎物藏到树上

### 烟熏法

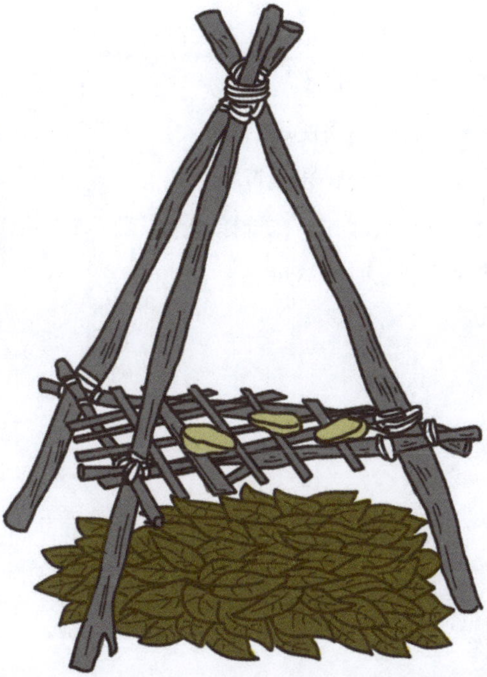

在火上放置绿色植物保证出现浓烟，利用锥形熏肉架，均匀地熏制

# No.026 炊煮食物的方法（一）

炊煮食物可以提高食物的口感，同时杀灭其中的寄生虫或者细菌。

## 水煮

水煮是最为常见的一种煮食方法，在金属容器或者有凹陷的石头中装水，将其放在火上加温。

在没有条件的时候，可以将大块木头中间挖空盛水，然后将烧热的石块投入水中，注意需要不断更换水中的石块，保证水温能够持续上升。

其他像椰子壳、贝壳、龟壳、剖开的竹子等都可以作为煮锅使用。

## 煎煮

平整的石块也可以作为锅子加工食物，不过不是水煮，而是当作平底锅煎煮。将石块上的泥土灰尘擦干净，然后在石块下生火，等石块的温度升高以后，就可以在上面煎肉或者煎鸟蛋等食物了。

把石块当锅使用的时候，要挑选含水量少的石头。因为在板岩、砂岩等石头中含水量比较多，容易碎裂或者剥片脱落，这类石头中的水分受热膨胀的速度大于石头本身，可能会导致石头炸开。在选择石头当做平底锅以前可以先用两块石头相互撞击测试，结实的石头更适合长时间加热。

### 小心石块爆裂

但凡需要使用石块煎煮食物或者在石块边生火时，一定要注意选择石块，避免使用板岩、砂岩等容易脱落或者看起来不够结实的石头，这类石头温度过高很容易爆裂开来，往往会造成求生者受伤！

# 利用热石块炊煮食物

**加热后的石块温度很高，可以用来炊煮肉片、鱼片、蔬菜等**

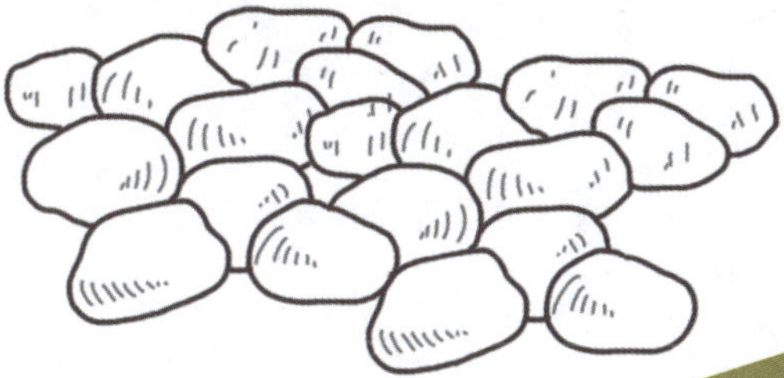

将多块平整的石块排列在一起，用树枝或者布把余灰扫除

在上面点火，持续加温

将食材放在石块上煎煮

# No.027 炊煮食物的方法（二）

除了水煮以外，烘烤食物在野外更加容易实现。

## 裹泥烘烤

烘烤是野外非常常见的加工方法，操作难度也比较低。可以选择在火堆下挖坑、利用容器或者将食物用树叶、泥土等包裹起来放在火堆中烘烤。

石头也能用来进行烘烤。可以预先挖好坑，在坑中生火以后，将挑选好的石头投入火中灼烧。在石头上升到足够的温度以后，将周围烧过的木头清理掉，放入食物，然后再铺上沙土、木炭等，利用石头的温度烘烤食物。

小型动物非常适合用裹泥烘烤的方式处理，先将其头、足、尾等去掉，在外部裹上约2厘米厚的泥土，然后放入火堆中加温。通常像鸟类等小动物烤熟大概需要一个小时。等到外层的泥土烤得像砖块一样坚硬，就可以将其从火中取出，敲碎泥土层以后动物的皮毛也会随之脱落，接着就尽情享受这诱人的大餐吧！

## 烧烤

许多人喜欢在闲暇的周末和全家人一起去野外烧烤，精美的食材配以各种调味的佐料，鲜美的烤肉总是令人胃口大开！野外求生时，我们也可以想办法完成这样一顿丰盛的大餐！

首先，需要在地面挖一个深、宽各约30厘米的小坑或者直接用石块垒成类似的结构，然后在坑底生火，在坑口用竹竿、树枝等搭成简易的烧烤架，将生肉放在上面烧烤，用不了多久，一顿鲜美的烤肉大餐就做好了。若是能配上一些作料，味道会更棒！

### 英国空军特勤队分辨患病鸟兽的方法

食用患病的动物可能会导致人体受到细菌或者病毒的感染，因此要注意辨别。

- 检查鸟兽的淋巴，肿大变色则表示有病；
- 头部周围变形变色则表示其有病；
- 如果自己的皮肤上有伤口，在处理动物的时候一定要保护好伤口，避免直接接触。

## 裹泥烘烤

**将生鱼或者其他小动物用树叶、泥土等包裹起来，放在火堆中烘烤不易烧焦**

1

用树叶、泥土等把鱼包裹起来

2

用绳子将树叶固定

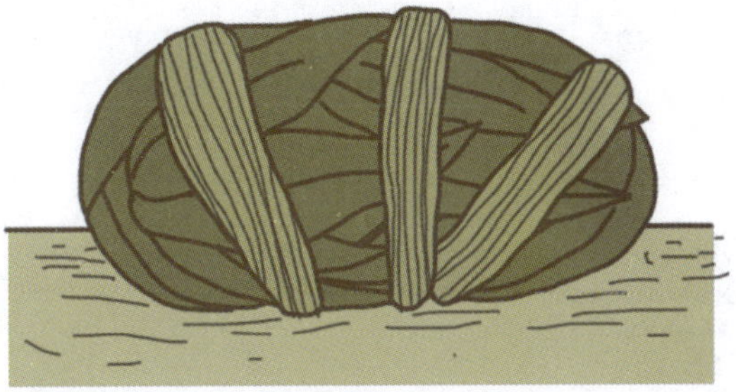

3

将包好的食物埋在土中

4

然后在其上方和周围生火，大约 1 个小时就可以烤熟了

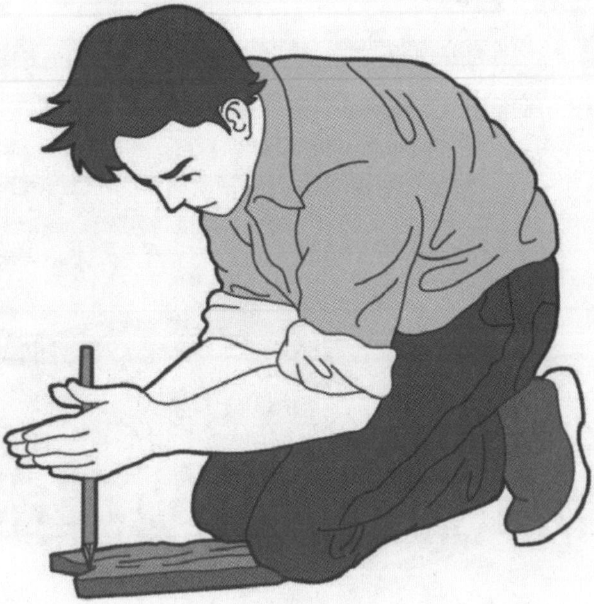

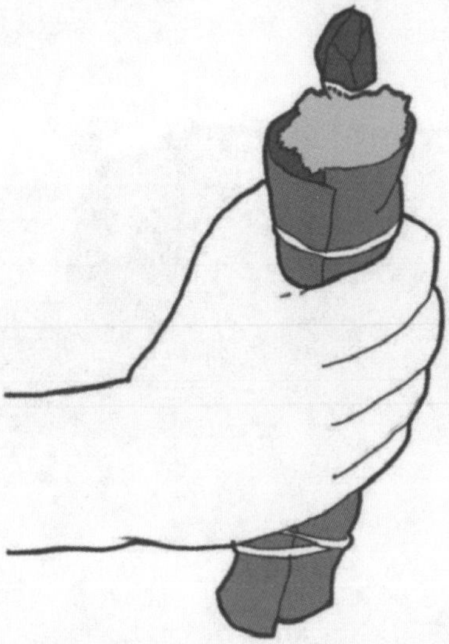

# 第四章
# 生 火

# No.028 怎样生火

火对求生者而言极为重要，它能够用来取暖、炊煮，也可用来发送求救信号。

野外生火所需的准备工作

**火的重要性不言而喻，因此，所有户外运动爱好者、野外求生者都要掌握生火这一技能！**生火所需要的材料可以分为三类：火种、引火工具和燃料。

火种的材料并没有什么限制，只要其燃点比较低容易被引燃即可。干燥的细纤维是一种非常适合做火种的材料，一些树木或者灌木的树皮、干枯的杂草、锯木屑、鸟巢的内壁、棉花球、纱布、纸张等都可以制作火种。

**在野外生存时，要养成随时携带火种的习惯，并将其放在防水的容器中。**

引火工具要配合火种使用，细小的枯枝、松柏的针叶、浸过油脂的木头等易燃物是比较常见的引火工具。

理想的燃料是干燥的树枝、木条等木柴。如果有刀斧等工具的话，可以将倒下的树干等劈开，细小的木柴更容易燃烧。湿的木柴也可以当作燃料使用，不过在燃烧的过程中会产生浓烟。根据这个特点，燃烧湿木柴发出求救信号是野外求生时非常常用的方法。如果没有木柴的话，枯草、树叶、干燥的动物粪便也可以当作燃料使用。

自己制作一个专门用来生火的钻火板在野外实用性很高。用干燥的树枝当作引火工具，在事先刻好凹槽的木板上来回用力推动，引燃木板上的火种，就能轻松生火。这种方法对求生者生火的技巧要求很高，要把握好要领，并加以持久的耐心，才能成功。

在随后的文章中，我们会详细介绍各种与生火相关的技巧，比如如何选择合适的生火地点、如何利用手头的各种工具生火等。

# 钻火板

**用树枝在凹槽中用力推动，利用产生的烟或者带有火星的灰烬引燃火种**

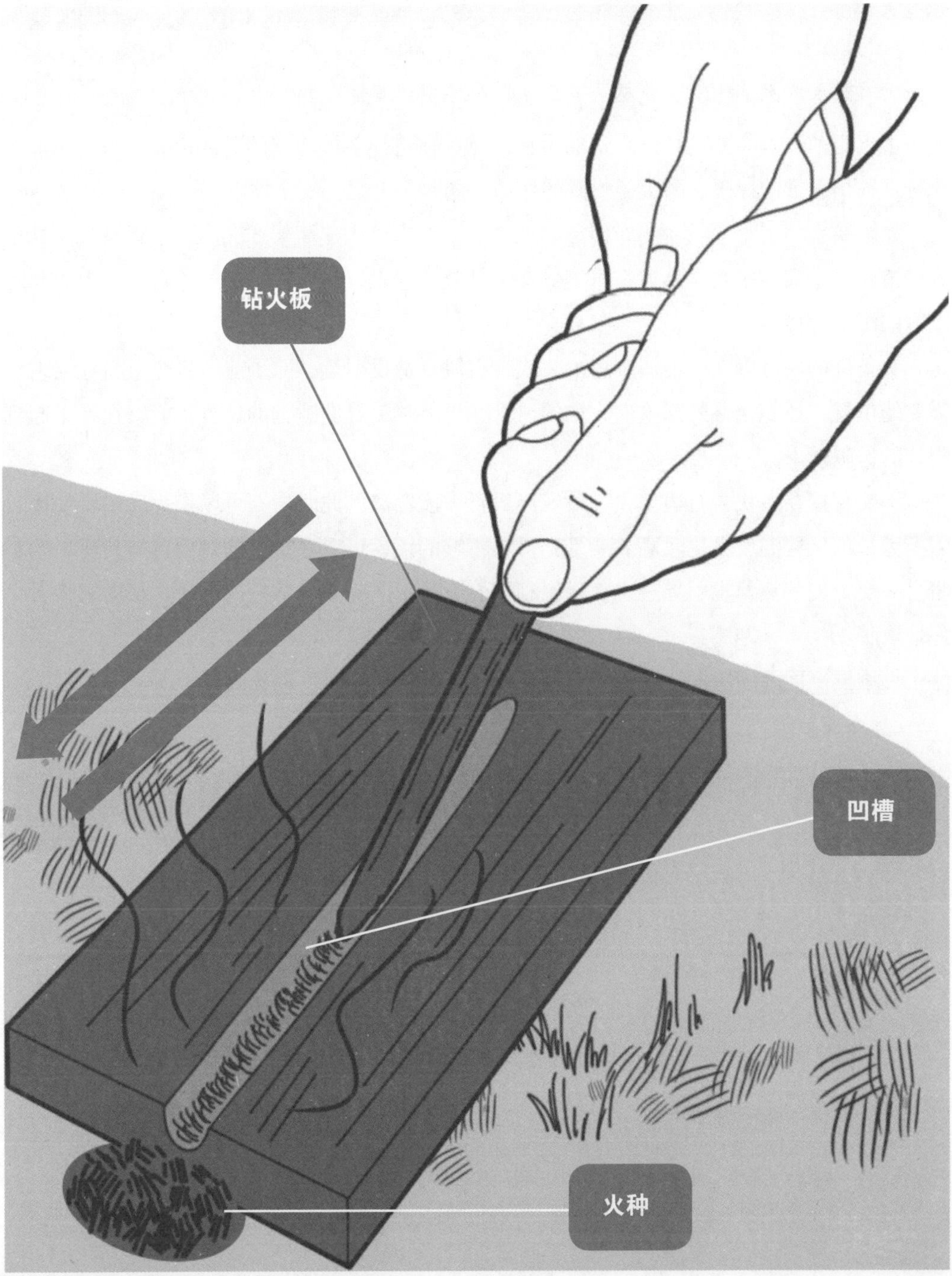

# No.029 选择生火的地点

合适的生火地点不仅需要充分发挥火堆的作用，还要考虑到安全。

## 火堆要离周围的树木、草丛至少 2 米，避免引燃其他东西

生火之前，首先要选择好合适的生火地点。在选择生火地点的时候，需要考虑到能否充分发挥出火堆的保暖、防卫、炊煮的作用，同时要考虑到安全性。

如果要在积雪很深或者遍布沼泽的地方生火，应该搭建高架式火堆。也就是先用几根木桩搭建一个简易平台，然后在木桩的交叉处放置过梁，最后在木制的平台上铺上土，和下方潮湿的环境隔绝。

有条件的话可以在火堆周围用木头或者石块打造反射墙，除了能够将热量引导反射到需要的位置，还能挡住外部吹向火堆的风。如果将热量导向睡觉的位置，能够在晚上起到很好的保暖效果。

不要直接在大块岩石边生火，最好离岩石一段距离，此时岩石可以作为反射墙使用，岩石旁边的位置温度会比较高。要是觉得还不够的话，可以在岩石的对面再搭建反射墙，将另一个方向的热量也引导过来，以便利用岩石反射、吸收、散发的热量，帮助求生者更好地取暖。

**火堆要离周围的树木、草丛等至少 2 米，否则可能会引发森林火灾！**

### 英国空军特勤队挑选生火地点的原则

特种部队士兵在野外生存的经验很丰富，他们总结出了一些经验：

- 选择有遮蔽的地点；
- 不要在树木底部生火；
- 至少清理出直径 2 米的空旷区域，避免引燃其他东西；
- 如果地面潮湿或者被雪覆盖，要先搭建平台，然后再生火；
- 若是遇上大风，可以在地上挖坑或者搭建简易的屏障挡风。

## 生火地点的选择

如果是草木茂盛的地方，选择生火的地点时应以火堆为中心，清理出一块开阔的空地，避免引燃周围的草木，同时要注意在火堆周围准备好足够的燃料

# No.030 生火的方法

在没有火柴、打火机等工具的情况下生火，是求生的必备技能之一。

### 使用打火石生火

打火石是一种人造合金，其中含有两种特别的金属：铈与镧。这两种金属化学性质非常活跃，因此非常适合用来生火。使用的时候，可以分别手持打火石与铁片等硬物，用力敲击，令火星落在准备好的火种上，然后轻轻吹气或者煽风引燃火种即可。

### 利用电池生火

如果手头有电池的话，也可以用来生火。取两条有绝缘塑料的金属线，一端接在电池正极，另一端接在负极，然后将两条未接电池的金属线的一端相互碰触，利用电池短路产生的热量引燃火种。

**成功点火以后记得要将电池远离火堆。**

### 用凸透镜生火

我们都知道凸透镜可以聚光，其焦点处也会因此而升温。如果是天气晴朗的夏日，使用凸透镜能够轻松点燃枯草、树枝等易燃物。可以当作凸透镜使用的东西很多，比如放大镜、相机镜头、一些手电筒的透镜，以及瓶底的凸面玻璃。

### 利用手电筒反光罩

用手电筒的反光罩生火的原理与凸透镜相似，也是将光和热聚集在一点上实现升温的效果。将易燃的火种放在反光罩上，集中太阳光等强烈的光线，持续升温以后就可以将其点燃。

## 生火的方法

**没有火柴、打火机等工具的时候，人们往往会想到钻木取火，实际上还有一些更有效的方法**

利用打火石和铁片生火

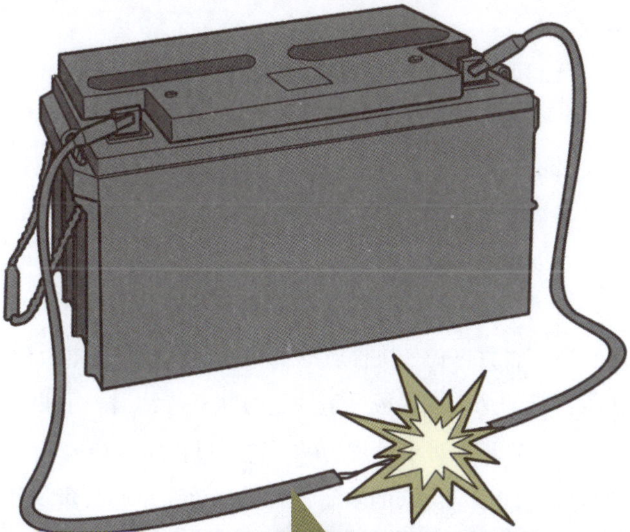

利用电池制造火星

利用凸透镜集中阳光生火

将火种置于反光罩中引燃

# No.031 钻木取火

如果真的没有其他工具可以利用的话，钻木取火也是一种比较有效的方法。

## 徒手钻木取火要保持稳定且不能中断

钻木取火的历史非常悠久，相传在一万年前，燧人氏发明了钻木取火，开启了华夏文明，这也从另一个侧面说明了火对人生存的重要性。

钻木取火利用的是摩擦生热的原理，木头的纹路比较粗糙，摩擦的时候会产生大量热量，可以用来引燃火种。

首先，要挑选一根硬木棒，将其折断为30~45厘米长，并将其中一头磨圆，这一步非常重要。然后再找一块合适的木块或者木板，将木板横放在地上，踩在木板一侧将其固定，用木棒圆的那头在木板一角处用力钻，待钻出一小凹陷后停下。

接着在凹陷处继续用力钻，这个过程中不要停顿。当木棒快把木板钻通时，如无意外，会看到有许多钻出来的木屑冒着烟掉落。小心收集这些木屑，把它聚成团，轻轻吹气，会有一些小火星冒出。然后把木屑放入球状干草等易燃物中，轻轻吹气，干草就会燃起来。

此时，将燃烧的干草作为火种引燃其他燃料即可。

在这一过程中，非常耗时耗力，而且需要相当的技术才能完成，因此在钻木的过程中要保持稳定并且不能中断，否则会前功尽弃。

钻木取火是一种非常古老且原始的方法，但是由于它所需要的材料我们都可以在大自然中找到，几乎不需要其他额外的工具，因此是求生者必须掌握的一门技巧。

## 钻木取火

# No.032 特种部队的生火要领

掌握熟练的生火技巧是野外生存者必备的技能，特种部队士兵们就熟谙此道。

### 特种部队野外生存时的生火要领

特种部队的士兵们是野外生存的高手，他们所掌握的生火技巧虽然很简单，但是却非常实用。

通常特种士兵在训练中就要学会并熟悉以下这些要领：

• 不将火柴浪费在点烟或者其他用途上，而是把柴堆好以后直接用火柴点燃；

• 将干燥的火种放置在防水的容器中随身携带；

• 在极地等严寒环境中，要先搭建好生火的平台才能开始生火，避免火堆陷入雪中而熄灭；

• 在地面遍布枯死植物或者泥炭的地方生火时也要搭建平台，避免火势蔓延，泥炭地带一旦起火，常常会燃烧数月甚至经年之久；

• 在森林中生火的时候要先将火堆周围的草木等全部清理干净，防止引起森林大火；

• 有大风时要在火堆周围打造挡风墙，一般常用的材料是石块、木材等。

这些要领虽然不是直接教会求生者怎样生活，但是却告诉了求生者在野外应该怎样更有效率地利用生火材料，以及在野外生火所应该考虑的问题。

求生者需要谨记这些要领，养成节约火柴、学会保存火种的习惯，而这些习惯在求生过程中都是至关重要的！生火之前要注意周围的环境，以免为了自己一时的方便，酿成巨大的灾难。

## 挡风墙

用大石块砌成的半圆形挡风墙，避免火被吹熄灭

**生火平台**

# No.033 怎样携带火种

随身携带火种能够有效节约生火材料，此外也不用总是耗费精力去生火。

### 学会携带火种

除了各种基本的求生技能，野外求生者还应该学会利用手头现有的一些材料制作简单的火种容器，这样在需要生火的时候就能直接派上用场，而无需再次制造火种。

以下两种方法是非常常见的携火方法。

### 携火罐

在几块带有余火的木炭周围裹上干燥的木屑、干草等可以当作火种的易燃材料，接着用潮湿的草或者树叶将其包住，一起放入钻有通气孔的金属罐子中。如果没有金属罐子的话，潮湿的树皮也可以。

### 携火管

取一长段潮湿的树皮，在其中央铺上木屑、干草等火种材料，将树皮卷成管状牢牢固定，然后把带有余火的木炭放在树皮管末端，令其慢慢燃烧。

在携带的过程中，要注意每隔一段时间要给火管通风，如果燃烧过于旺盛，可以将携火管放在地上用脚踩，避免燃烧速度太快。

还有一些其他的携火方法，比如可以携带燃烧中的木柴，在行动过程中持续挥舞，保证火不会熄灭。也可以用潮湿的树叶包住一块燃烧的木炭带走。

# 携带火种的方法

## 携火罐

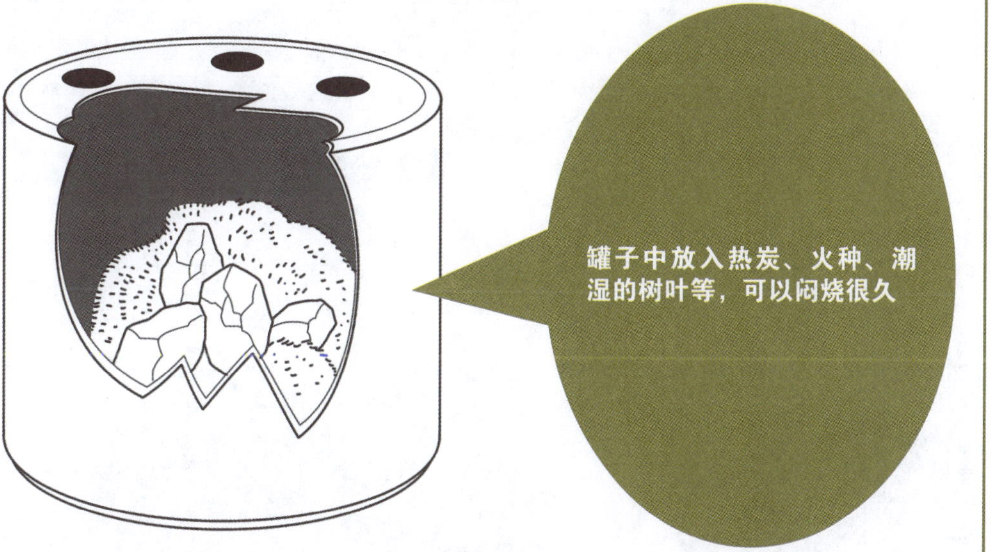


## 携火管

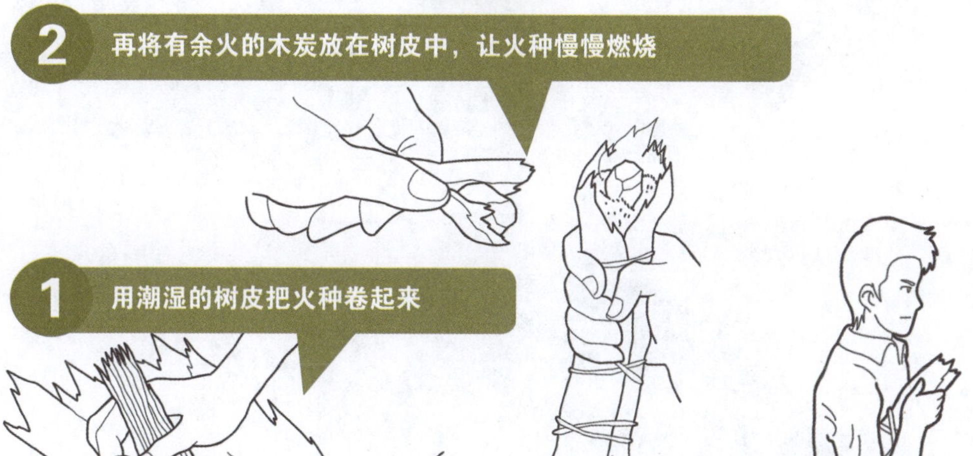

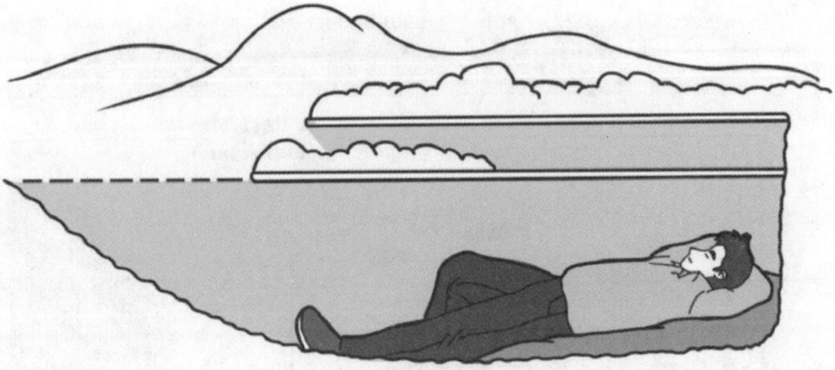

# 第五章

# 庇身所

# No.034 选择庇身所的地点

搭建庇身所之前，首先要选择合适的场所，那么哪些地点才适合建造庇身所呢？



## 山中可选能晒到太阳的高处，沙漠中要兼顾遮阳和御寒

选择合适的地点搭建庇身所非常重要，如果误选了不适合的地点，很可能会前功尽弃，白白浪费了宝贵的时间和精力。

天气是考虑搭建位置和类型的重要因素，比如在严寒地区中，地势比较低的地方气温更低，这种地形受风寒效应影响比较严重。因为这个原因，山谷的谷底温度也会比周围更低一些。考虑到这点，在气温比较低的地带，尽量选择可以晒到太阳的地方，在搭建时记得选择能够隔绝冷空气的材料。

在沙漠中搭建的庇身所必须要兼具遮阳和御寒两种功能，因为沙漠地区昼夜温差很大。

在选择庇身所的时候主要考虑到以下几个因素：

· 风：在温暖的地区最好选择能够通风的地点，但是要避免将庇身所搭建在风口，大风可能会摧毁你辛苦搭建的庇身所。在寒冷的地区则要选择不易吹到风的地点，以免因为风寒效应导致人体热量过快散发；

· 雨雪冰雹：避开主要的排水通道或者容易暴发洪水、泥石流、雪崩的地点；

· 昆虫：在湿热的地带，选择在有微风吹过的地方可以减少昆虫的骚扰，在湖边、池塘边等水边，蚊子、蜜蜂等很多；

· 树：如果在树下搭建庇身所，要注意树上是否有蜜蜂窝或者马蜂窝，还要注意这棵树是否容易掉落枯枝。

## 选择合适的场所

搭建的时候记得要让棚面朝向风吹来的方向，否则无法起到挡风的效果

# No.035 庇身所的类型（一）

搭建庇身所的时候，材料也是非常重要的，它决定了你能够搭建庇身所的类型。



## 因地制宜搭建庇身所

如果没有适合用来搭建庇身所的材料，可以充分利用所在地的自然环境。比如突出的岩石或者崖口，以及具有坡度的山地等。

如果所在的地区比较空旷的话，可以背风而坐并将随身的装备堆积在背后挡风。

以下的一些场所在求生的时候都可以充分利用：

• 垂到地上或者部分已经折断的灌木丛或者树木枝条，在旁边可以堆积一些断枝加强遮蔽的效果；

• 可以在自然形成的凹地中避风，不过要避免下雨的时候水流进凹地中。最好在凹地上方盖上树枝树叶等当作顶棚；

• 利用倒下的树干等也可以轻松搭建简易的庇身所，只要将树枝等斜搭在上面即可；

• 充分利用大块岩石，在岩石上斜搭树枝等也能搭造庇身所；

• 洞穴是极佳的避难场所，可以在洞口用石块、树枝等堆积起来防风。

如果实在找不到天然的避难场所，就必须自己动手了。不过这对求生者自身的要求很高，同时还要考虑到手头的材料以及天气等因素。

通常我们可以利用树木的树干、枝叶等自行搭建，右页下图就是比较简单的一种方法，用比较粗的树干作为支撑，较细的则斜靠在主干上，上面在覆盖一些枝叶，就成了一个临时的庇身所。

# 充分利用自然环境

利用自然的凹坑，在上面用木板、树枝等搭建顶棚，可以制成简单的地下庇身所，顶棚上方的空气层流动比较慢，能够起到隔绝冷空气的效果

凹坑
空气层

## 支架

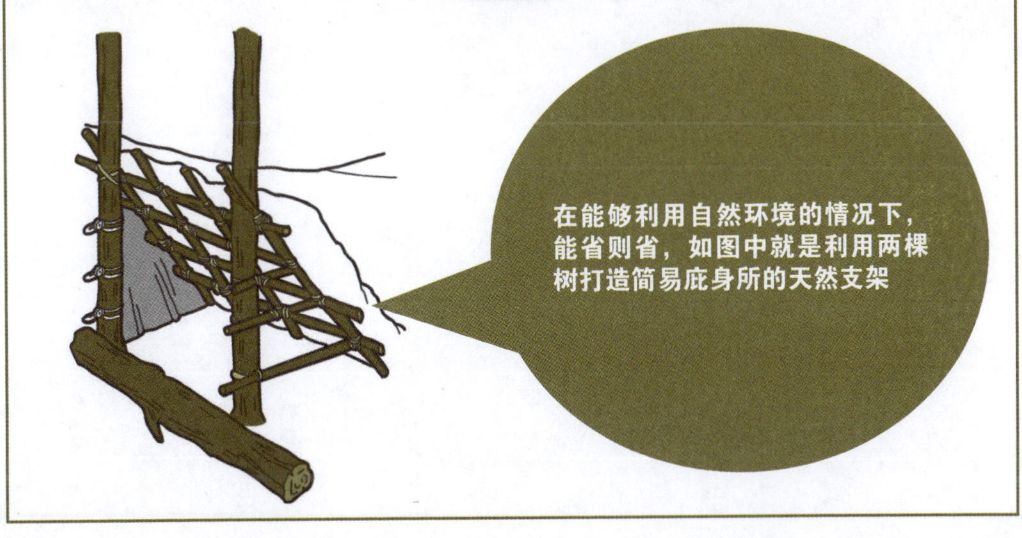
在能够利用自然环境的情况下，能省则省，如图中就是利用两棵树打造简易庇身所的天然支架

# No.036 庇身所的类型（二）

如果找不到天然的庇身所的话，就必须要自己动手搭建了。

## 树围庇身所

搭造这种庇身所的时候，首先要选择一棵枝叶繁茂的大树，围绕大树周围挖坑，然后再砍一些粗细不同的树枝覆盖在坑上当作棚顶，坑洞底部和周围的坑壁也可以铺设树枝树叶，提高保暖效果。

## A 字棚

这种庇身所搭造起来很简单，所需的时间和精力也比较短。所需的材料如下：一根长约 3 米的树干作为横梁，将树干上的树枝树杈全部削除；两根 1~2 米长的硬木作为 A 字棚的脚架；可以用来覆盖的树枝树叶等；用来捆绑的绳子。

首先要将两根作为脚架的木头相互斜依，用绳子固定好，将横梁的一端置于脚架上并用方回结固定（后文中会提到各种打结方法），另一端斜插在地面上，可以事先挖好凹坑或者用石头固定。

搭建好棚架以后，可以用防水布或者枝叶作为棚顶材料。如果用枝叶覆盖的话，要从底部开始逐层堆放，像给房顶铺瓦一样。这种方法有助于下雨的时候排水。在棚顶加铺一层土可以增加保暖性能。

另外，可以挑选较大的树枝或者用背包等装备挡在入口处当作门板，挡住从入口处吹来的风。

## 树围庇身所

**利用树干作为中央支柱，树冠可以提供天然的遮阴**

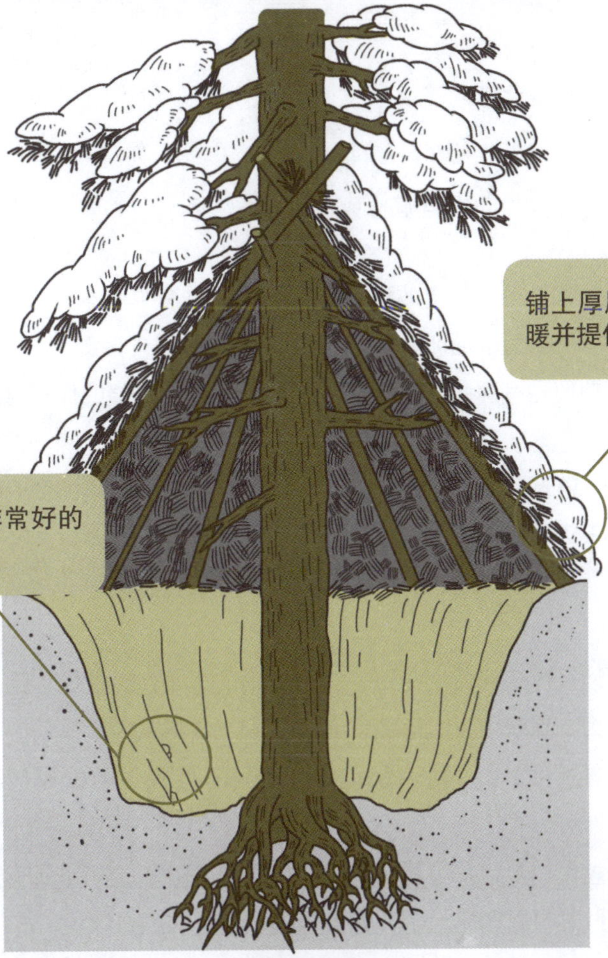


### A 字棚

**搭建的方法相对简单，棚顶覆盖足够的材料，能够发挥保暖及遮阳挡雨的功能**

1 2 3 4 5 6 7 8 9

# No.037 极地庇身所

**如果你不得不在零度以下的野外环境中求生的话，务必要提前搭建好能够有效保暖的庇身所。**

### 搭建极地庇身所需要注意的事项

在冰天雪地中，无论搭建什么类型的庇身所，一定要遵循以下几个原则：

·出入口：出入口越小越少越能起到更好的保暖效果，尽量将出入口封闭以便隔绝庇身所和外界空气。

·外出活动：如果不得不外出的话，千万不要白白浪费在外面的时间，应该乘机收集燃料、保暖材料或者可融为水的冰雪。

·保暖材料：即使是有睡袋，身体下方也要随时铺放厚层的保暖材料以隔绝从地面传来的冷气。

·睡袋：保持睡袋的干燥、清洁和自然蓬松。在需要晾干睡袋的时候可以将内侧外翻，拍掉凝结的霜，置于火堆前烘干，需要小心的是不要让睡袋着火。

·雪：进入庇身所以前记得拍掉身上的雪，留在衣物上的雪会在融化以后弄湿衣服，影响保暖效果。

在极地等严寒地区所搭建的庇身所，首先考虑的就是保暖性能，圆顶式庇身所所需的时间短，而且不费力，保暖效果也不错。首先堆积大量树枝，形成一个近似的半球；再将大块防水布之类的材料覆盖在上面；然后在外面覆盖一层厚厚的积雪；等到积雪凝结以后，抽出树枝和防水布即可。

**需要注意的是：出口处一定要用树枝、树叶等材料塞住，如果还有多余的布料的话，可以用布料包裹树叶等材料制成一个方便易用的门塞。**

## 圆顶式庇身所

这种庇身所搭建的难度并不大，可以在短时间内完成

出口处一定要用树枝、树叶等材料塞住，如果还有多余的布料的话，可以用布料包裹树叶等材料制成一个方便易用的门塞

# No.038 雪房

在极地地区搭建庇身所的时候，雪是一种非常容易获取的材料。

## 如何搭建雪房

雪房适合在积雪很深的空旷地区搭建，可以选择在坡地的背风处或者河岸等有大量积雪的地方。

搭建以前要选好雪房的出口，小心不要正对着风口，以免被新的积雪堵住。选好出口以后开始向雪堆里挖一条至少 1 米的小型通道，然后从通道向左右两边挖空，注意通道应比雪房内部的空间低一些，以便冷空气沉淀，不至于直接进入雪房内部。在通道与雪房内部相连的地方，可以用来炊煮或者放置装备。

床铺应设在雪房中较高的一层，由于热空气会上升，因此较高层的温度相对更高一些。

雪房的高度至少要略超出你坐直身体时的高度，雪房顶部最好搭成厚度至少 2.5 厘米的拱顶，一方面能够加固雪房的结构，另一方面避免融化的雪水直接滴落。

地面应该铺设一些能够隔绝冷空气的材料，树木的枝条、树叶等都可以。

雪房的入口处可以用背包、雨披或者雪块挡住保暖。务必要注意一点：一定要在雪房中凿出至少两个通气孔，分别位于拱顶和进出口处。

无论外界温度多低，雪房的室温通常不会低于 -10℃，只需点上一支蜡烛，就可使室温升高 4℃。爱斯基摩人传统的取暖方法是点燃浸在一碗油脂里的灯芯。在空间比较大的雪房里，可以用木材取火，没有木材时也可用其他燃料或油料替代。

如果在雪房内生火的话，一定要注意保证空气流动通畅，否则可能会因为室内一氧化碳含量过高而中毒。

## 雪房

建造雪房的时候要注意一些细节：雪房内床铺所在的较高平台应铺上比较厚的树枝、树叶等，避免晚上失温
通气孔是必不可少的

# No.039 避难沟坑

避难沟坑是用来提供临时遮蔽的庇身所。

## 如何搭建避难沟坑

如果你需要长时间在极地地区求生的话，搭建可供长期使用的庇身所是必不可少的。不过这种庇身所搭建起来比较耗时耗力，在完成之前可以先搭建避难沟坑供临时使用。

在搭建避难沟坑之前，首先要找到深约 1 米的积雪层，然后在积雪层中切出雪砖，空下来的沟坑应该至少比睡袋宽并且长度足以容身。

然后利用切出的雪砖在沟坑周围砌成简单的围墙，接着在坑顶覆盖上比较扁平的大片雪砖，最好将雪砖内侧挖成“凹”字状，形成拱顶，增加沟坑中的空间。记得要在顶部留有通气孔。

如此一来，就搭成了一个走廊式的避难沟坑，虽然比较简陋，但是无论如何也比在外面吹风要好得多！

**这种避难沟坑并不能作为长期庇身所，如果需要长期在该地活动的话必须要搭建冰屋。**

### 美国陆军在极地庇身所中保暖和隔冷的诀窍

美国陆军士兵在极地搭建庇身所的时候要学习以下原则：

- 如果在庇身所中呼气看不到白雾，说明内部温度过高，会导致雪砖等融化掉落；
- 为了避免呼气凝结沾湿睡袋，可以将一块布包在头上吸收呼气时的水分；
- 冰会降低庇身所保暖隔冷的效果，如果庇身所内壁结冰的话需要将其去除或者另建新的庇身所；
- 定时检查通气孔。

# 避难沟坑

**避难沟坑建造比较容易，在沟坑底部要记得铺上厚厚的树枝树叶等隔绝寒气**

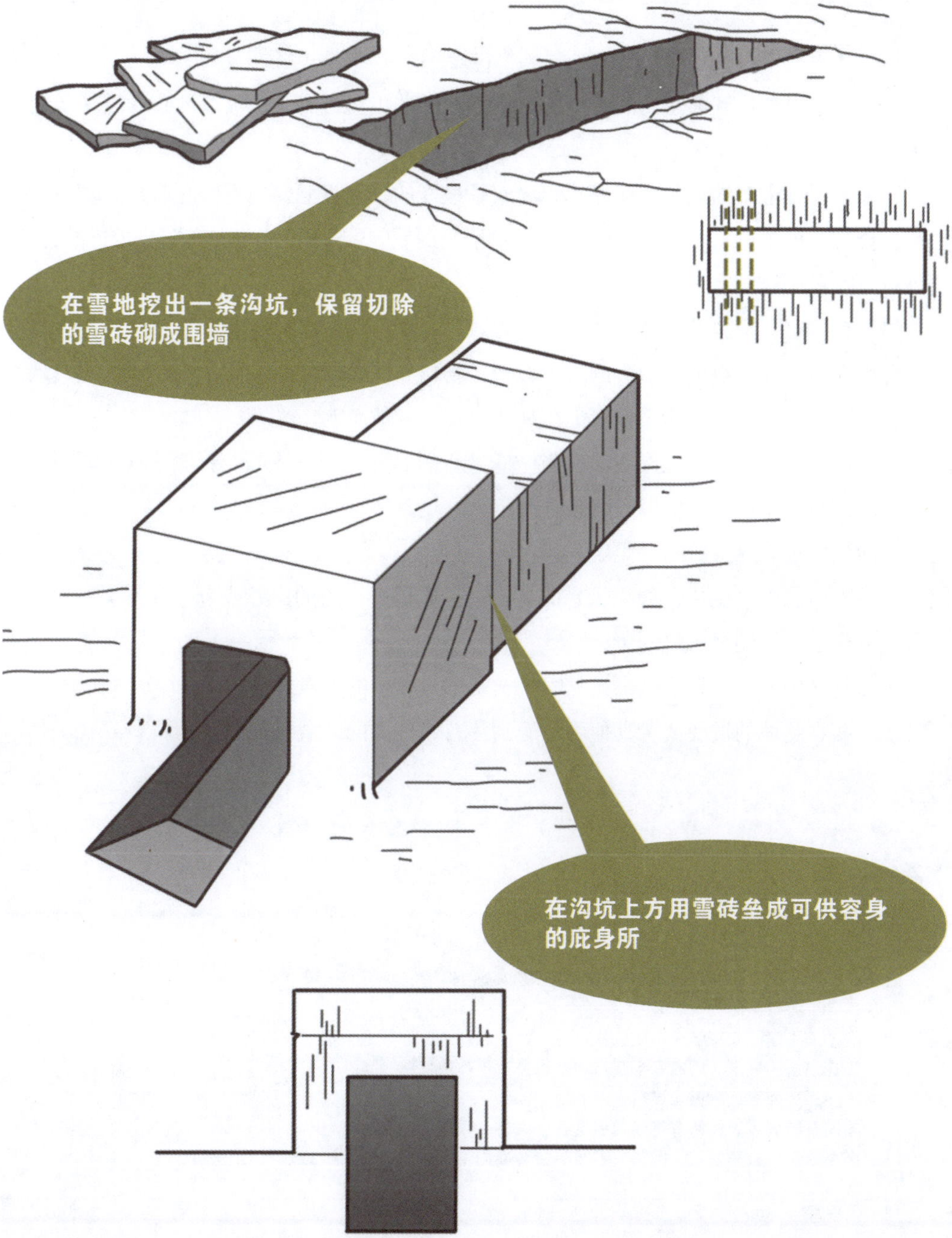

# No.040 沙漠中的庇身所

**沙漠中气候极端，庇身所非常重要，白天可以遮阴，晚上可以保暖。**

### 利用突出的山崖或山坡、沙丘、石块可搭建简易的沙漠庇身所

在沙漠中很难找到天然的庇身所，利用好突出的山崖或者是山坡、沙丘、石块等背风面十分重要。

如果是岩石密布的地区，能够找到洞穴是最好的，而且洞穴内通常会有水，不过里面往往也会有各种昆虫、鼠蚁，甚至毒蛇。因此要保持警惕，尽可能待在离洞口较近的位置，避免被叮咬。

如果有帆布、雨披或者降落伞等材料的话，能够用来搭建两种简易的沙漠庇身所。

利用岩石：找一块突出地表的较大石块；将帆布等材料的一段用小石块压在大石块上固定；拉开帆布，根据实际需要固定在其他岩石或者地面上。

利用沙丘：利用小沙丘或者沙堆当做庇身所的侧墙；用石块或者其他重物将帆布固定在沙丘上；将帆布拉开，根据实际需要固定另一端。

在沙漠中搭建庇身所的时候应注意以下 3 点：

· 随时留意天气变化，如果风暴即将来临，应避开狭隘的山谷或者寸草不生的地带，这些地方很容易遭到强风的侵袭；

· 植物丛中或者岩石下是毒蛇、蜈蚣、蝎子最喜爱的藏身之地；

· 不要在陡坡的坡底或者其他可能遇到落石、狂风的区域扎营。

**法国外籍兵团在沙漠中建造庇身所的技巧**

在沙漠中建造庇身所一定要选择适当的时间和地点，以下是需要注意的几点：

· 在清晨、日落之后或者半夜行动，以免过于炎热；

· 尽量选择靠近水源和燃料来源的地方；

· 避开陡坡或者任何有可能遭遇落石、山洪、强风的地方；

· 白天尽量避开岩石，因为岩石吸热会升高周围的温度，晚上则可以利用岩石取暖。

## 开放式避难棚

这种庇身所四周是开放的，最适合炎热的地方庇阴遮阳

### 沙漠中的简易庇身所

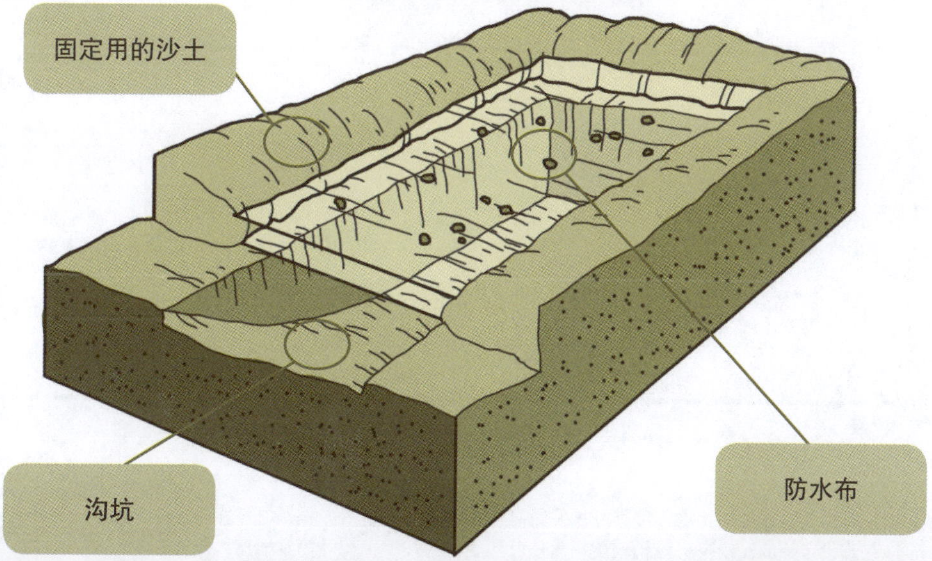


开放式避难棚的简化版本，利用周围的沙丘岩石可以轻松搭建。向下挖上一定深度的沟坑能够起到更好作用

# No.041 在丛林中搭建庇身所要注意什么

**热带丛林中地面潮湿，各种昆虫、蛇、鼠很多，因此不能直接睡在地上，而是要搭建具有一定高度的庇身所。**

1
2
3
4
5
6
7
8
9

### 要注意清理地面和观察树干上的水位线

在热带雨林中搭建庇身所的时候，务必要与地面保持一定的距离。尽量选在小山或者空旷地带的高处，并且远离死水潭的地方。干燥空旷的地方不仅昆虫比较少，也更容易发送求救信号。

搭建庇身所之前，首先要彻底清理该处的地面，包括低矮的灌木丛以及枯枝、枯叶，这样一旦有蛇虫靠近，更容易发现。

搭建好庇身所以后还需要用竹子或者藤蔓等将其覆盖，既能隔绝蚊虫，也可避免床铺被晚上的露水打湿。

如果身处沼泽地区的话，搭建庇身所的难度更大，因此在白天活动的过程中就要注意是否有正好能够连成四边形的树，利用已有的树木搭建凌空的床铺。当然，前提是这几棵树足够粗壮，足以负担你的重量。

**在搭建的时候，要注意树干上的水位痕迹，避免因为夜间水位上涨淹没辛苦搭建好的庇身所。**

**加拿大空军如何在丛林中搭建庇身所**

- 千万不要睡在地上，地上非常潮湿并且爬满各种昆虫；
- 在铺设床铺的时候务必先铺一层树木枝叶垫底，再加上棕榈叶等其他宽大叶片；
- 不要在溪河或者池塘边搭建庇身所，尤其是雨季；
- 不要在枯树或者椰子树下搭建庇身所，掉落的椰子可能会砸死人。

## 简易平台

在热带地区可以搭建这种类似空中平台的悬空庇身所，能够避免昆虫滋扰或者露水沾湿

# No.042 常见的丛林庇身所

学会搭建几种常见的丛林庇身所，对于求生者而言非常重要。

### 蕉叶 A 字棚

无论在什么环境中，A 字棚都是一种既简单又实用的庇身所。在丛林中，寻找几根木头非常容易，而且热带丛林中往往会有蕉叶等宽大的树叶，非常适合用来搭建 A 字棚。

首先用木头搭造好 A 字棚架，然后再用宽大的叶片逐层铺在棚架上，挡雨效果极佳。需要注意的是，在 A 字棚两头，也要用宽大的树叶编织成帘子遮蔽，这样才能隔绝蚊虫。

### 高架平台式庇身所

这类庇身所形态各异，如果周围有现成的树木的话，可以充分利用，在几棵树之间用比较粗的长木或者竹子等连接起来，用绳子将其扎紧，构成平台的横梁。然后在上面铺上稍细一些的树枝等，就制成了简易的高架平台。

若是周围没有可以借用的树木的话，就只能自己动手搭建了。首先要用一些长木或者竹子等捆扎成一个简单的台架，然后在台架的中下部位搭建作为床铺的平台。

#### 搭建丛林庇身所需要的材料

热带丛林中，各种树木十分茂密，以下几种尤其适合用来搭建庇身所：

- 聂帕榈是一种椰子尖端有刺的藤本植物，可以将其叶片沿着尖端撕开铺在避难所的架子上；
- 象草的叶子很长，适合编制覆盖在庇身所上面；
- 竹子能当做梁架、地板、棚顶的材料，在劈砍竹子的时候要小心被周围的竹子弹开打中。

## A 字棚

### 高架平台式庇身所

# No.043 海滨庇身所

在热带的海岸地区活动时，所搭建的庇身所与丛林中大不一样。

## 一定要与涨潮线保持安全距离，以防大浪突袭

如果要在海岸地区搭建庇身所的话，首先要考虑的就是傍晚的涨潮，一定要避开涨潮可能淹没的地带。根据海岸上沙滩的情况选择合适的位置，最好在小沙丘的背风面建造。利用小沙丘作为依靠要比直接在平坦的海滩上搭建庇身所更加省力。

首先，向下挖出一块足够平躺并放置装备的平坦区域，接着用木头等搭建成立方的框架，并在周围及顶部铺设木板、树枝等，制成简易的平顶房，避免坑洞上方的沙子下落。记得要留好进出口。

如果可以的话，最好再寻找一些宽大的树叶或者用防水布等铺设在屋顶，既能弥补木头、木板之间的缝隙，防止沙子、雨水等渗漏，又能更好地起到隔温效果。

这种庇身所的构造结合了沙和木头，因此非常坚固耐用。

**切记：在海边搭建庇身所的时候，一定要与涨潮线保持安全距离，以免遇到突如其来的大浪。**

**海滨庇身所可能会用到的材料：**

- 寻找海上漂来的流木或者其他树木搭建支架；
- 帆布或者棕榈树叶可以用来作为庇身所的顶部材料；
- 树叶或者其他布料做成的门帘非常重要，能够防止蚊虫叮咬。

## 海滩庇身所

首先将选好的地点清理干净，
并挖出一定宽和深的地方

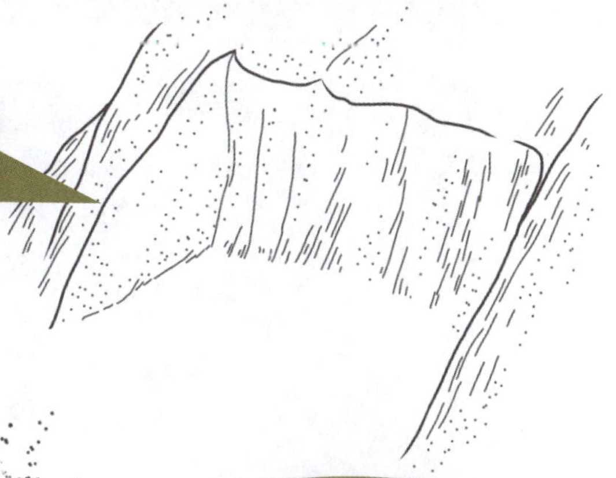

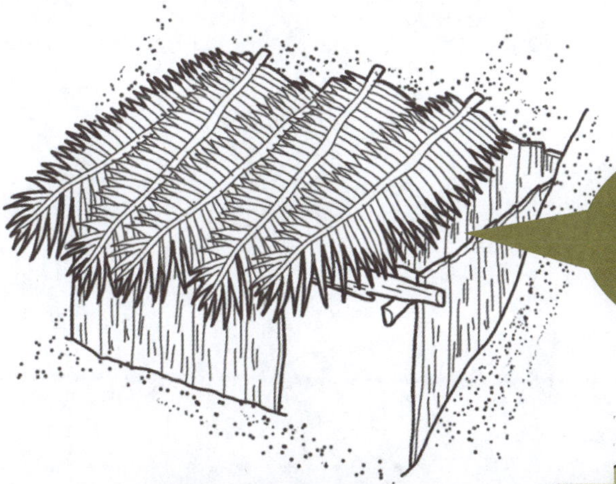

用坚固的木头等搭建起支架

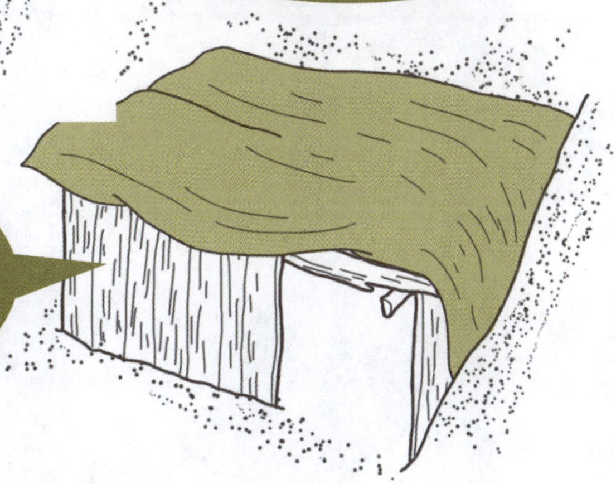

在顶部可以铺设树叶或者防
水布等材料

制作简易的门帘

# 第六章
# 自制衣物和工具

1
2
3
4
5
6
7
8
9

# No.044 自制衣物

在紧急情况下，可能无法事先做好各种准备，如何利用野外的材料就成了关键。

## 纺织品、纸、鸟羽、兽皮等都是很好的制衣材料

如果遇上空难、沉船等事故，求生者根本无法事先做好各种野外生存的准备工作，因此事后的工作就成了求生的关键。

首先，要尽可能在短的时间内从事发地点搜集各种有用的物品，包括毛巾、餐布、椅垫等，几乎所有的纺织品都可以用作求生时的床铺、衣物或者搭建庇身所的材料。

如果保暖效果还不够的话，可以将枯草、树叶、苔藓等材料置于各层衣服之间，加强隔绝的效果。此外，纸、鸟羽、兽皮等也是很好的制衣材料。

皮革对于在野外求生的人而言非常实用，它不仅能够用来缝制衣物，一些中型动物皮革还可以制作鞋子，保护求生者的脚部。

利用塑料袋等防水材料可以制成防水衣物，桦树皮等削除外层以后，留下的柔软内层也可以夹在各层衣物之间挡雨。

鞋子也可以自制。鞋底可以用轮胎制作，先在边缘挖出一些小洞，用绳子将纺织品等与鞋底绑缚在一起，作为鞋面。鞋面尽量制成多层，因为脚部的保暖非常重要。

如果有条件的话，可以自制一双莫卡辛鞋。所谓莫卡辛鞋，就是手工将鞋面和鞋底缝在一起的一体式鞋子。在得到皮革之后，赤脚踩在皮革上，根据脚板大小裁出一片周围比脚板宽约 8 厘米的皮革，然后将皮革的边缘折起，合成可以包住脚的形状，用裁出的皮条将其绑在一起，一双简易的莫卡辛鞋就制成了。

## 自制衣物

**长期在野外活动时，由于身上的衣服会越磨越薄，学会自制衣物非常有必要**

### 穿戴技巧

- 将长条叶片和植物纤维围在腰间就制成了草叶裙
- 在毛毯或者地毯中央挖洞可以当作雨披，腰间用绳子绑缚可以提高保暖效果
- 用小块兽皮缝制的衣服，内层的毛保暖效果极佳

# No.045 自制工具

工具对野外求生而言非常重要，本文中我们就介绍几种简单的工具的制法。

## 棍棒

棍棒的外形和制作方法都很简单，但是它却是野外求生时最为实用的工具之一。棍棒既可以用来探测前方是否有陷阱或者圈套，也可以当作武器用来攻击行动比较缓慢的猎物。

用来制作棍棒的树枝不宜太长，约75厘米即可，直径5~6厘米，尽量挑选笔直的树枝。可以的话，最好将树皮去除，以减少对手掌的摩擦。

## 锯子

自制锯子的时候要挑选小树或者坚韧的树枝作为锯柄的材料，锯条可以直接利用线锯，这样就能制成最为简单的弓锯。

也可以利用绳子和木棍制作A字锯。以两根粗细长短比较合适的木棒分别穿入线锯两端的把手中，再用绳子将木棒的另一端固定，可以在绳子中部穿入一根木棒，通过绞动木棒调节锯子的松紧程度。

## 刀子

刀子是求生者不可或缺的工具，只要有木头、石头、兽骨、金属片甚至玻璃片等材料，都可以制成刀子。若是以玻璃片作为刀刃的话，只要将树枝一段分开，夹住玻璃片，然后牢牢绑紧即可；如果用兽骨的话，要先将骨头的一段磨尖磨利，然后加装握把。

## 自制的工具

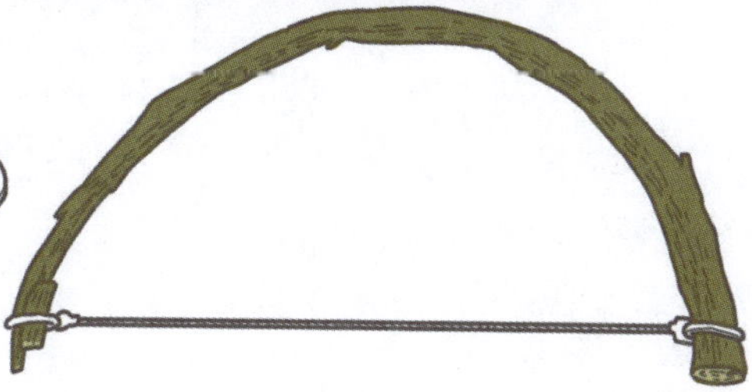

### 自制刀子

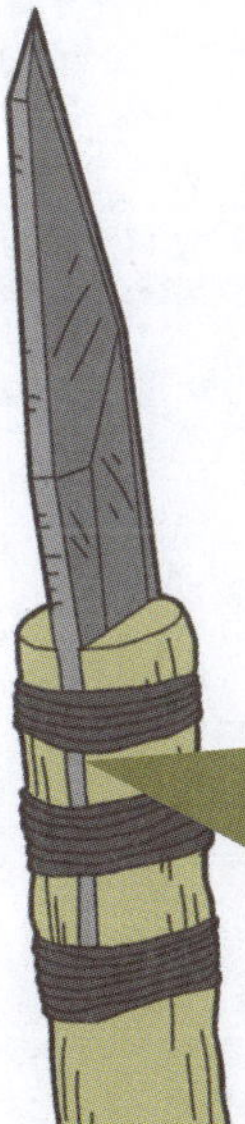

# No.046 石制工具和骨制工具

人类最古老的工具正是用石头打制而成，骨制工具与石制工具一样都是比较容易打造的。

## 石制工具

无论是直接拿来击打其他东西或者是绑在木柄上制成锤子，石头都非常好用。燧石、黑曜岩、石英和其他玻璃质岩石都可以敲打出锋利的凹口或者能够削切的锋利石刃。在用两块石头互相敲击的时候，要注意角度务必小于 90° ，否则石块可能会被整块打碎。

## 骨制工具

猎杀到大型动物以后应善于利用其身上的每个部位，兽角可以变成凿子，兽骨可以加工工具。大型动物宽阔的肩胛骨可以制成骨斧或者骨锯。小型动物的骨头则适合制作一些小工具，比如其肋骨可以磨尖制成骨针。

## 善用动物的肌腱和生皮

动物的肌腱和生皮很适合制作绳子。

利用肌腱：捕杀猎物以后去下肌腱；将晾干的肌腱敲制成纤维状；把其沾湿后可以扭绞成连续的绳子，绳子的粗细根据自己的实际需要决定。

利用生皮：剥下猎物的皮之后去除所有的脂肪和余肉；将兽皮摊开并去除褶皱部分；然后将平整的兽皮裁切成长条；把皮条浸在水中 2~4 个小时直到皮条变得柔软。

## 制作石斧

**利用石头或者兽骨制成的石斧并不十分坚固，因此最好只用来砍树枝或者攻击动物，不适用加工过于坚硬的物体**

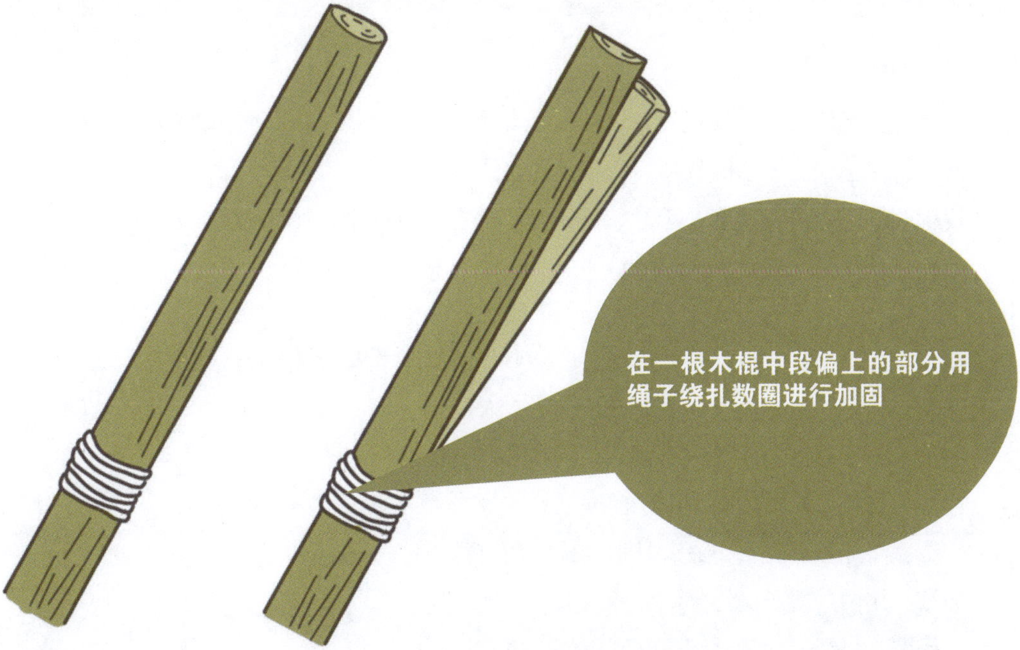

# No.047 绳结（一）

学会基本的绳结技巧，是求生者在野外生存的必备技能。

## 绳结的基本常识

不管是搭建庇身所、打包装备、制作工具和武器或者是急救，绳结都是必不可少的，因此必须要熟悉一些绳结的技巧，以备不时之需。

传统的制绳材料包括麻、琼麻、椰子纤维等，也可利用其他纤维柔韧的材料或者事先备好的成品。现在的绳子多为尼龙或者其他合成材料制成，坚韧、质轻、防水、防虫并且抗腐蚀，但是也具有一些缺点，遇热易融、绳结容易松动。

除了对绳子初步认识以外，还要了解一些绳结的基本术语。

绳耳：绳子中间弯曲或者成 U 形的部分；

绳结：绳子交错形成的结；

连接绳结：用来连接两端绳子的绳结；

套结：将绳子套在木头或者其他物体上所打的结；

编结：用两条绳子交错穿织成的长久使用的绳结；

上搭圈：将绳子的活动端叠在固定端上方；

下搭圈：将绳子的活动端叠在固定端下方；

活动端：也叫工作端，用来打结的部分；

固定端：绳子除了活动端余下的部分；

转圈：绳子的活动端绕过某物以后朝向固定端的相反方向；

单转圈：绳子的活动端绕过某物以后朝向固定端的相同方向；

……

# 绳结的基本常识

**除了对绳子初步认识以外，还要了解一些绳结的基本术语**

**绳耳**

绳子中间弯曲或者成U形的部分

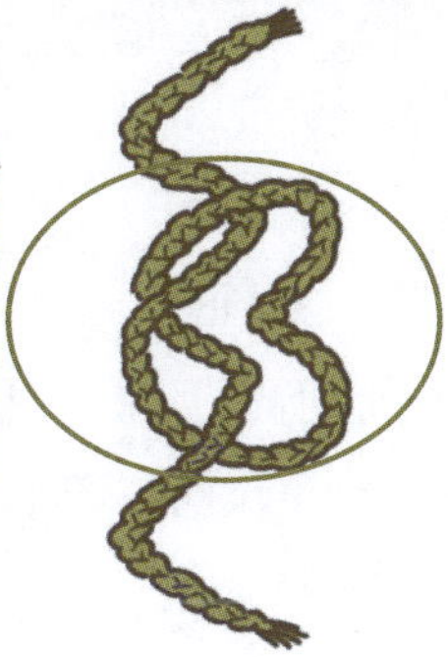

**绳结**

绳子交错形成的结

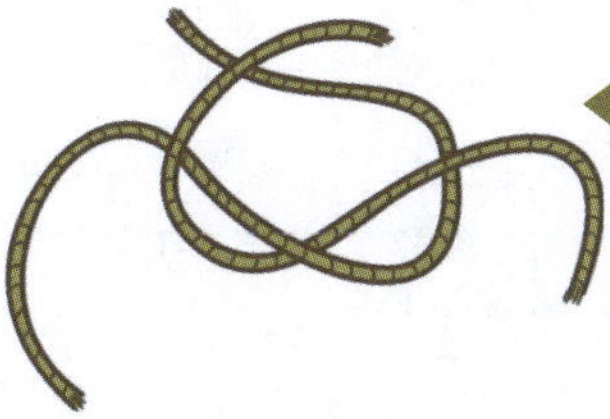

**连接绳结**

用来连接两端绳子的绳结

**套结**

将绳子套在木头或者其他物体上所打的结

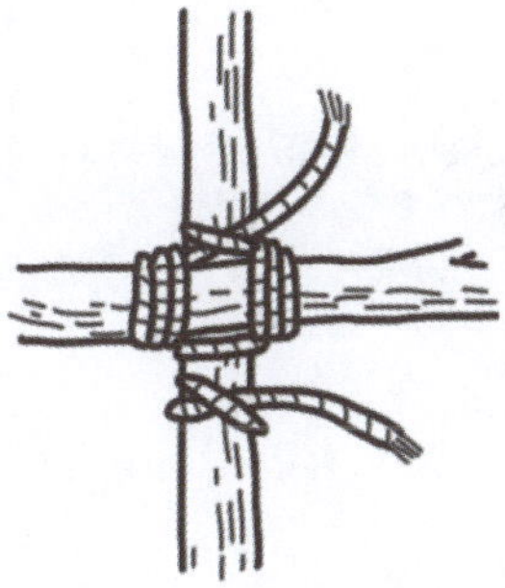

**编结**

用两条绳子交错穿织成的长久使用的绳结

**上搭圈**

将绳子的活动端叠在固定端上方

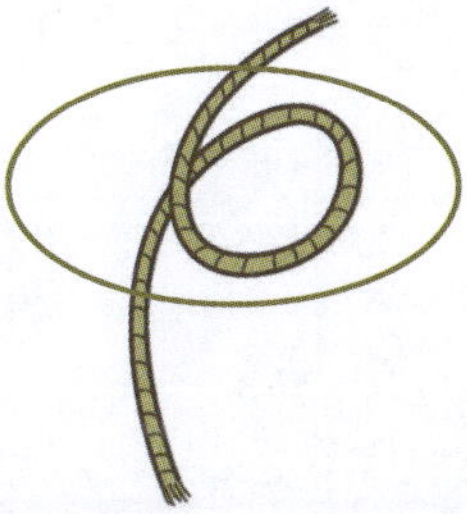

**活动端**

也叫工作端，用来打结的部分

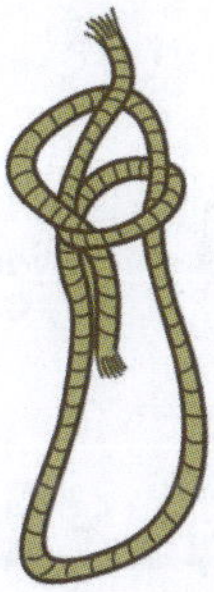

**下搭圈**

将绳子的活动端叠在固定端下方

# No.048 绳结（二）

不同的绳结用于不同的用途，最好学会多种绳结技巧。



## 入门级绳结

打绳结以前，首先应了解几种绳环，右页图中所示的绳环在许多绳结中都会用得到。

以下是几种比较简单也最为常见的绳结打法。

平结：是一种连接两根绳子的简单方法，在一根绳子中段留出绳耳，再将另一段绳子穿过后绕在绳耳上完成。注意第二根绳子的活动端是由第一根绳子绳耳的固定端绕过。

反手结：反手结一般很少单独使用，通常是在绳子末端打防脱结或者避免绳子末端散开时使用。反手结非常常见，其他绳结完成以后往往需要加入反手结固定。打法是在绳子的末端打一个绳环，再将活动端穿过即可。

八字结：如果需要在绳子末端打一个比反手结更大的结时，八字结就派上用场了。打法是在绳子的固定端打一个绳环，然后将活动端绕过固定端后拉回到绳环的一侧，接着再次由上往下穿过绳环，最后将活动端拉紧即可。

野外的绳结需要符合几个基本特点：

- 容易完成也容易解开；
- 可以在绳子中段轻松打好；
- 在绳子绷紧以后也可以打好绳结；
- 打好的绳结不会在绷紧以后松开。

# 绳环

**以下图中所示的绳环在许多绳结中都会用得到**

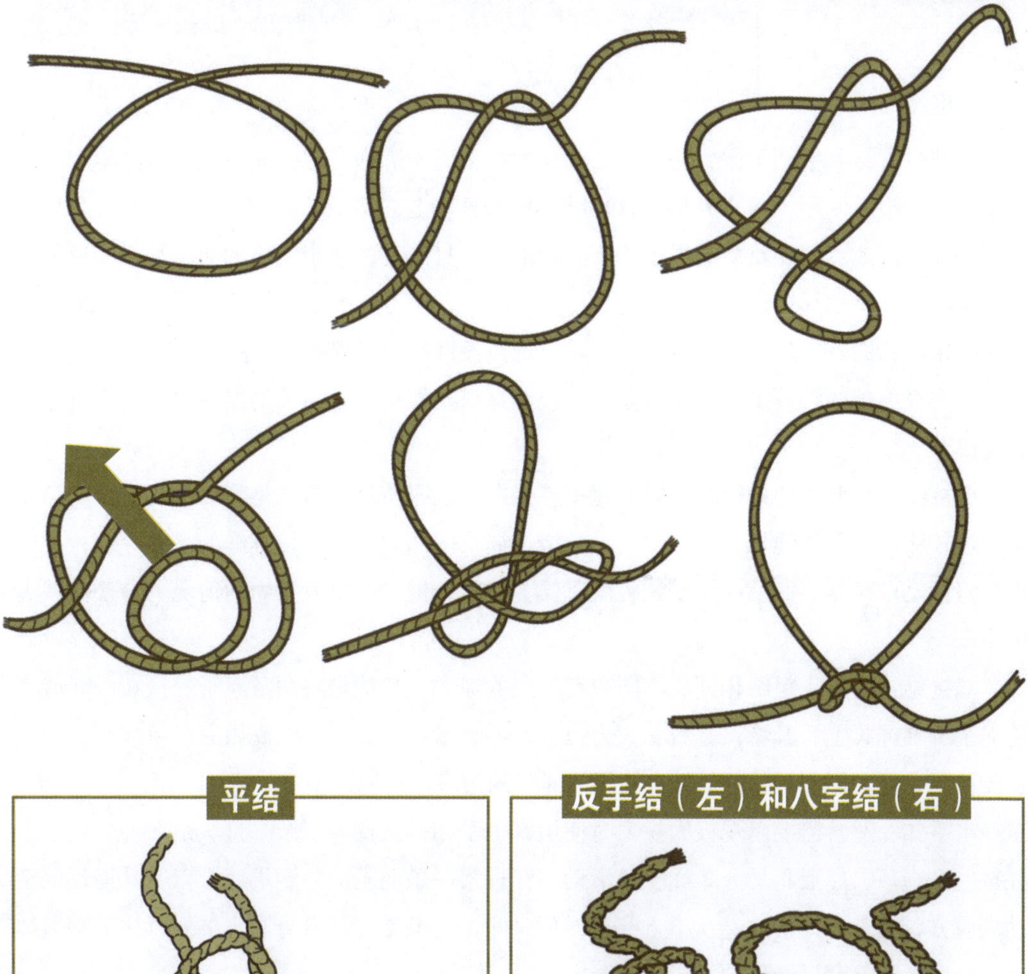

## 平结

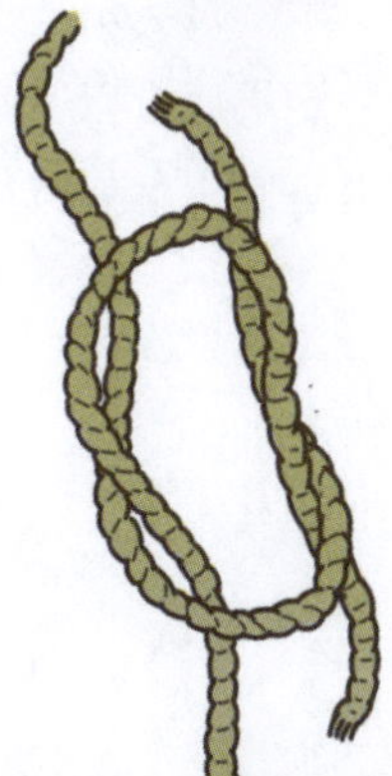

连接两条绳子的简单方法，可以快速解开

## 反手结（左）和八字结（右）

大多数人习惯打反手结，但是这种节不易解开

# No.049 绳结（三）

本节所介绍的几种绳结，主要是用于将两条绳子牢固地连接在一起时使用，因此统称为“接绳结”。

## 接绳结

方结：方结和平结很像，是将粗细相同的两条绳子绑在一起，避免滑脱的绳结。主要用于紧急救援时使用，因为方结可以平贴在伤患身体上，不至于硌到伤患的皮肤。方结不适用粗细不同或者尼龙材质的绳子（表面会滑）。打法是将两个绳结的活动端以相反的方向摆在一起，一条绳子的活动端穿过另一条的固定端下方；然后把两条绳子的活动端从它们前两次交错的点拉起；当两条绳子的活动端和各自的固定端平行时便可拉紧。

方结在绳子两端被拉扯的时候会扯紧，但是只要抓住两条绳子的绳耳向两边一拉就可轻易解开。

单接结：需要将两条粗细不同的绳子连接在一起时使用。打法是将较细的绳子的活动端穿过较粗的绳子的绳耳，细绳的活动端绕过绳耳的两边以后再从细绳的下方穿出，此时即可将活动端拉紧。此结在承受拉力的时候会扯紧，但是在没有拉力的情况下会松动或者滑脱。

双接结：适用于粗细相同、不同或者浸湿的绳子。打法是将两条绳子连接在一起或者将绳子绑在绳耳上，其特点是就算大力拉扯也不会滑脱或者缩紧。先做一个单接结，但是不要拉紧，然后用细绳的活动端在粗绳的绳耳两边多绕一圈以后再拉紧。

水手扣：适合需要承受极大拉力时使用，水手扣打法比较复杂。打法是在一条绳子上先打一个绳环，然后将另一条绳子的活动端穿过第一条绳子的固定端后方以及其绳环的活动端前方，接着将此活动端从下方穿过绳环一侧，从上方穿越自身固定端，再往下穿过绳环，最后从下方穿过绳环的固定端。

# 接绳结

这些绳结都可以将两条绳子牢固地连接在一起且不易松脱

## 方结

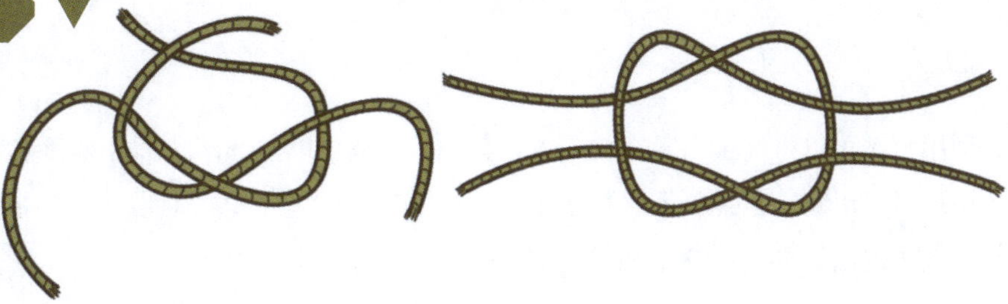

## 单接结

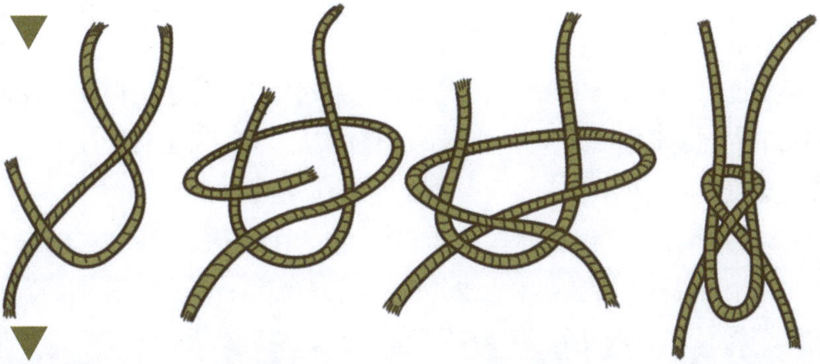

## 双接结

## 水手扣

# No.050 绳结（四）

用绳子固定其他物品时，主要使用套结和编结这两类绳结，我们首先介绍的是套结。

## 套结

利用套结可以将绳子系附在树干或者其他东西上，以下列出几种常见套结类型。

单结：可以将一条绳子系在树干或者另一端较长的绳子上，但是并不是非常牢靠。打法是将绳子的活动端绕过树干和固定端，绕回以后塞在绳环下方。

曳木结：拖曳沉重的木材时打的绳结。打法是将活动端另外绕过绳子至少一圈，绕圈时必须绕过活动端本身，否则绳子会越拉越紧。

单结加曳木结：适合用来抬动或者拖动木材时使用。打法是将活动端绕过木材之后再从固定端下方绕过形成单结，然后将活动端向旁边一侧一段距离处打一个曳木结。如此一来，受力点主要集中在单结上，而曳木结又可以防止单结滑脱。

双套结：可将绳子固定在木头、管子等物上。在绳子的中段打双套结时，首先要绕两个圈，将两个圈反扭以后套在木头或者管子上形成绳结；要在绳子末端打双套结的时候，首先将绳子绕木头两圈，第一圈压在固定端上，在绕第二圈的时候将活动端从绳子下方穿出即可。

三套结：与双套结相似，是将绳子固定在木头等其他东西上并不会滑脱。打法是将绳子的固定端沿着木头置放并朝木头会被拉动的相反方向，然后用活动端在木头和固定端上绕两圈，并将固定端拉到绳子原本位置的相反方向，再以活动端绕两圈，绕第二圈的时候从第一圈下方穿过拉紧即可。为了保证绳结的稳固，用绳子的固定端在距离三套结约 30 厘米的位置再打一个单结。

营钉结：用来将绳子固定在树木或者木柱上。首先用绳子的活动端在木头上绕两圈以后再绕过固定端，然后从绳子下方穿过打成单结，接着再打第二个单结。

# 各种套结

**需要将绳子系在木头或者其他东西上时使用，根据不同需要选择合适的套结类型**

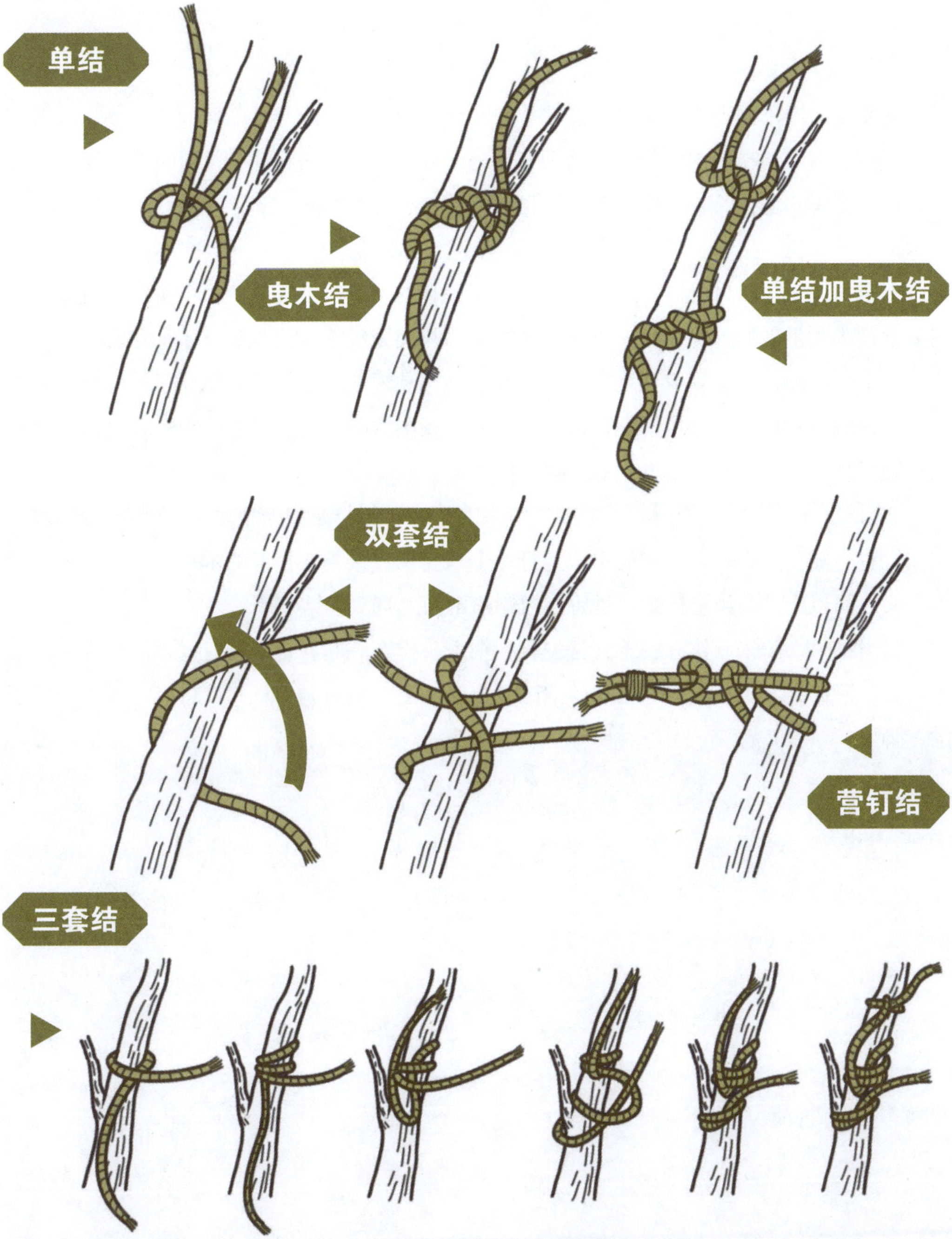

# No.051 绳结（五）

**编结是在搭建庇身所、制作救生筏等物时使用的，最常用的有方回结、十字结、剪力结。**

## 编结

方回结：用来固定两根互相垂直的木头时使用，在搭建庇身所的时候非常实用。首先在竖立的木头上与横置木头的相交处下方打一个双套结，然后将绳子绕过木头，至少要绕 3~4 圈；然后将绳子以逆时针方向上下绕过两根木头的相交处，绕 3~4 圈以后绕回到横置的木头上继续绕，接着在竖立的木头上打一个双套结固定。

十字结：十字结也可以用来固定两根相互垂直的木头，不过在两根木头并非直角或者需要承受很大重力的情况下效果更好。在木头的相交处绕着两根木头打一个双套结，接着绕两根木头 3 圈，后一圈应该绕在前一圈旁边，避免绳结松动；然后用绳子横向越过之前的三圈再绕三圈，要注意将绳圈拉紧。如果觉得还不够的话，可以继续交叉绕着木头的相交处缠绕，最后回到刚开始打双套结的那根木头上再打一个双套结收尾。

剪力结：将两根以上的木头绑在一起时使用。这种绳结是将两根木头排列在一起固定，中间留有空隙。首先要在外侧的木头上打一个双套结，接着在排好的木头上绕 7~8 圈，两根木头之间以交叉圈缠绕拉紧；最后在内侧的木头上打双套结收尾。

剪力结可以用来制作三脚架，首先将三根木头排在一起，绕圈的时候要同时绕过三根木头，然后以交叉圈拉紧木头之间的空隙并打结固定，最后调整杆脚就可以完成一个稳固的三脚架。

# 编结

编结主要在搭建庇身所或者制作救生筏时使用

## 方回结

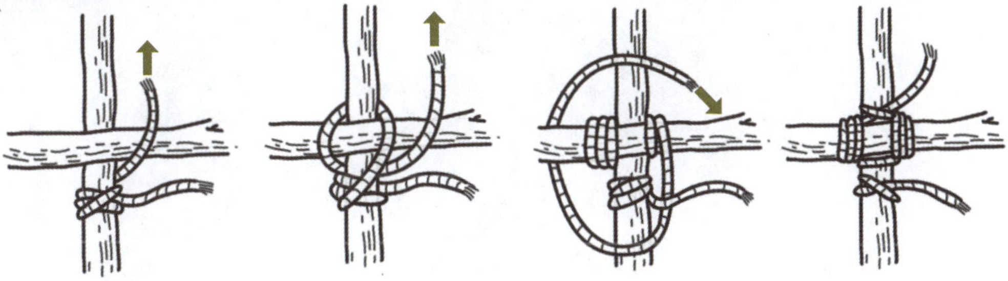

## 十字结

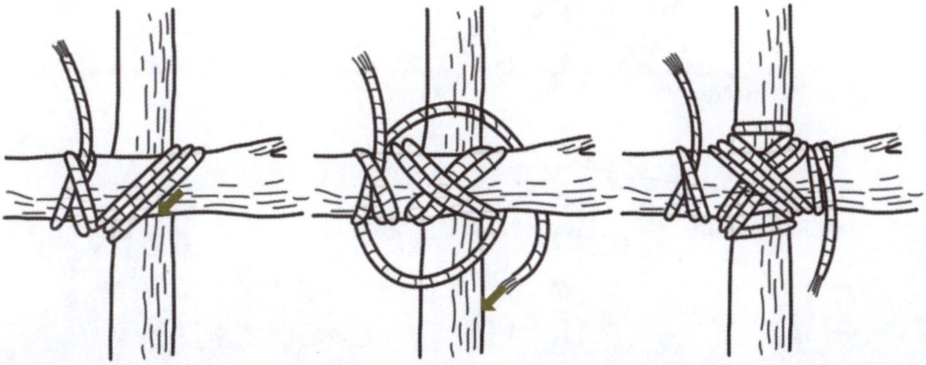

## 剪力结

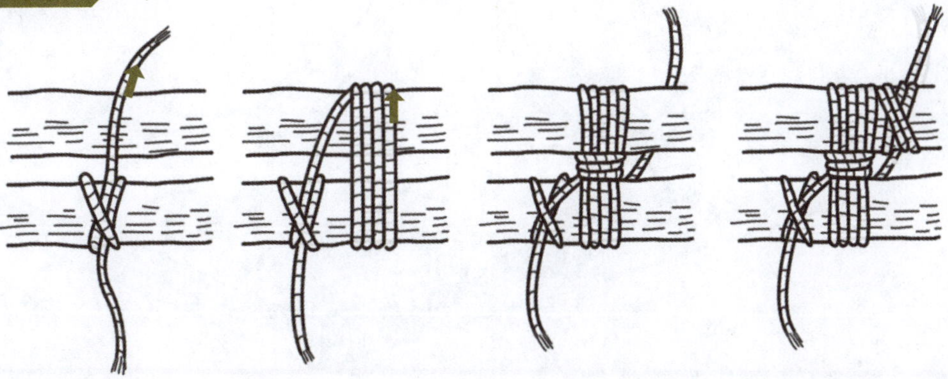

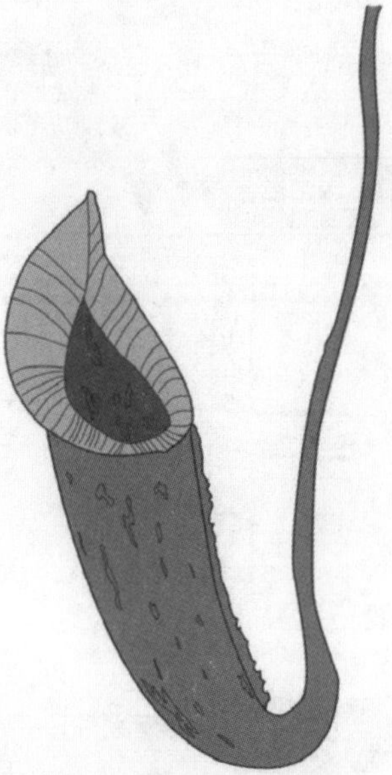

# 第七章

# 极端气候中如何求生

# No.052 极地地区所需的衣着装备

极地地区的装备要非常注重保暖，尤其是头部和脚部。

### 护目镜可防雪盲症，雪鞋可避免双脚陷入雪中

在极地地区，务必要包覆住全身以抵御低温和强风，尤其是头部和双脚。持续走动可以保证体内血液循环，不过同时也要避免出汗。如果开始流汗，一定要松开衣服，及时通风，被汗水浸湿的话，会降低保暖作用。同时要注意保持衣物干净，沙尘和油脂会堵住衣物的缝隙，降低隔绝冷空气的效果。

护目镜在极地地区非常重要，长期目视刺眼的冰雪，很容易患上雪盲症。如果没有墨镜或者护目镜的话，可以将硬纸片、布片或者树皮撕成长条并留出孔洞戴上。

步行穿越冰雪地带会耗费极大的体力，如果雪地外层已经结冰，利用雪橇滑行要省力很多。但是如果所处的雪地比较松软并且积雪很深的话，最好借助雪鞋。雪鞋是用于在雪地上行走的鞋具，可以将人体的重量分散在更大的区域，避免脚完全陷入雪中。

雪鞋的制作步骤并不复杂。传统的雪鞋是以硬木为框架，用生皮带子编织成的。求生者可以选用有弹性的树枝制成雪鞋的框架，接着再加上横杆和绑住脚部的系带即可。然后将雪鞋套在靴子或者鞋子外侧固定，固定得越坚固，行走时越省力。

最后还要记住保护好手指，一定要包覆好双手，在极地等极冷地区不要直接用手接触金属，避免冻伤。如果觉得手冷的话，可以将手伸进衣服中夹在腋窝下或者放在腹侧等部位取暖。即使戴着手套，也要不断活动手指保暖。

## 护目镜

在一片树皮上挖出缝隙观看，戴上以
后能够避免雪盲症

### 胶片护目镜

用长条物或者布带等自制成雪
地用或者遮阳用护目镜，图中
展示的为用相机胶片制成的护
目镜

# No.053 在极地中行进

极地环境恶劣，如果有合适的地方容身的话，最好不要轻举妄动，以免遇到更大的困难。

**离开营地时，务必要留下标示让救援人员知道你的行进方向**

在恶劣的极地环境中，只有在自己所处的环境中有立即性危险、距离有人活动的地区很近或者即将获救的情况下才移动。在移动过程中需要注意，不要携带不必要的物品，因为背负太多装备的话不仅会消耗热量，还会因此出汗流失水分。

如果已经决定放弃营地，务必要留下能够长时间维持的标示让救援人员知道你的行进方向。在雪地中最好的方法就是堆出雪堆显示自己的方向，尽量选在空旷的地带堆积大雪堆，要明确显示出你的行进方向，沿途要持续留下标示。

指南针在极地地区是无法使用的，因此要学会在夜里靠星星辨认方向，白天可以立杆测影。

每天出发之前都要谨慎选择路线，尽量沿着溪河等水道行进，这样可以随时补充水分或者抓鱼捕猎来补充食物。

在雪地和冰冻地区行动时需要了解以下几点：

• 冬季的长夜、飘雪、雾都会影响能见度；

• 降大雪时很难辨清地面上的行动轨迹和地标物；

• 指南针会受到磁场干扰，无法用来准确判读方向；

• 大比例尺地图上可能根本没有你所在的区域；

• 行进中会碰上地图上没有的湖泊溪河导致难以确定方向。

## 冰上救援步骤

在冰冻地带行进，可能会因为冰层破裂而落水，此时切勿直接靠过去抢救，因为破洞周围的冰层非常脆弱，这时候要匍匐在冰层上避免重量集中在一点

后方有人的话，可以让他抓住你的脚踝，接近落水者将其拉出水面

# No.054 在极地寻找饮用水

无论在任何环境，各种求生活动都会耗费体力，充足的水和食物是人维生的前提。

## 不要直接使用未融化的雪或冰，应待其融化后再饮用

在极地地区的溪流、湖泊、雪原、冰层中都蕴含了丰富的水分，因此饮水并不算是太大的问题。如果取用地表水的话，要记得先过滤才能饮用。取到水以后，应该先静置一段时间，让其中的泥沙和尘渣初步沉淀。

虽然这些地区遍布冰雪，但是最好不要直接使用未融化的雪或冰。因为这样可能会降低体温引起脱水，还会令手、脚、嘴唇轻微冻伤。最好自制一个简单的装置，将冰雪融化成水以后再饮用。

可以用石头架起一个平台，在平台下方生火加热平台上方的石板，然后将收集到的冰雪放置于石板上加热融化。在冰雪融化的过程中，融化的雪水可能会流向四周，可以用小石块构成一个简单的水渠导水，引导水流流向过滤袋。

也可以直接利用过滤袋融化冰雪。将冰雪置于过滤袋中，再将其吊挂在火堆附近的容器上方，融化的雪水就会通过过滤袋滴进容器中。

### 美国陆军从冰山取水的技巧

冰山是由淡水构成的，可以作为极地求生时饮用水的来源，在取用的时候要十分小心，注意一些技巧：

• 冰山的绝大部分山体位于水面以下，即使是大型冰山也可能突然翻转，因此踩在冰山上时要注意安全，以免摔落造成伤亡；

• 不要饮用新生海冰融化的水，选择颜色泛蓝的多年老冰，其中不含盐分；

• 雪或冰可能会因为海水的冲刷充满盐分，如果尝起来是咸的应另寻水源。

# 融雪装置

**切勿直接食用未融化的雪或冰，应该自制滤水装置或者利用大石板等将冰雪融化以后再饮用**

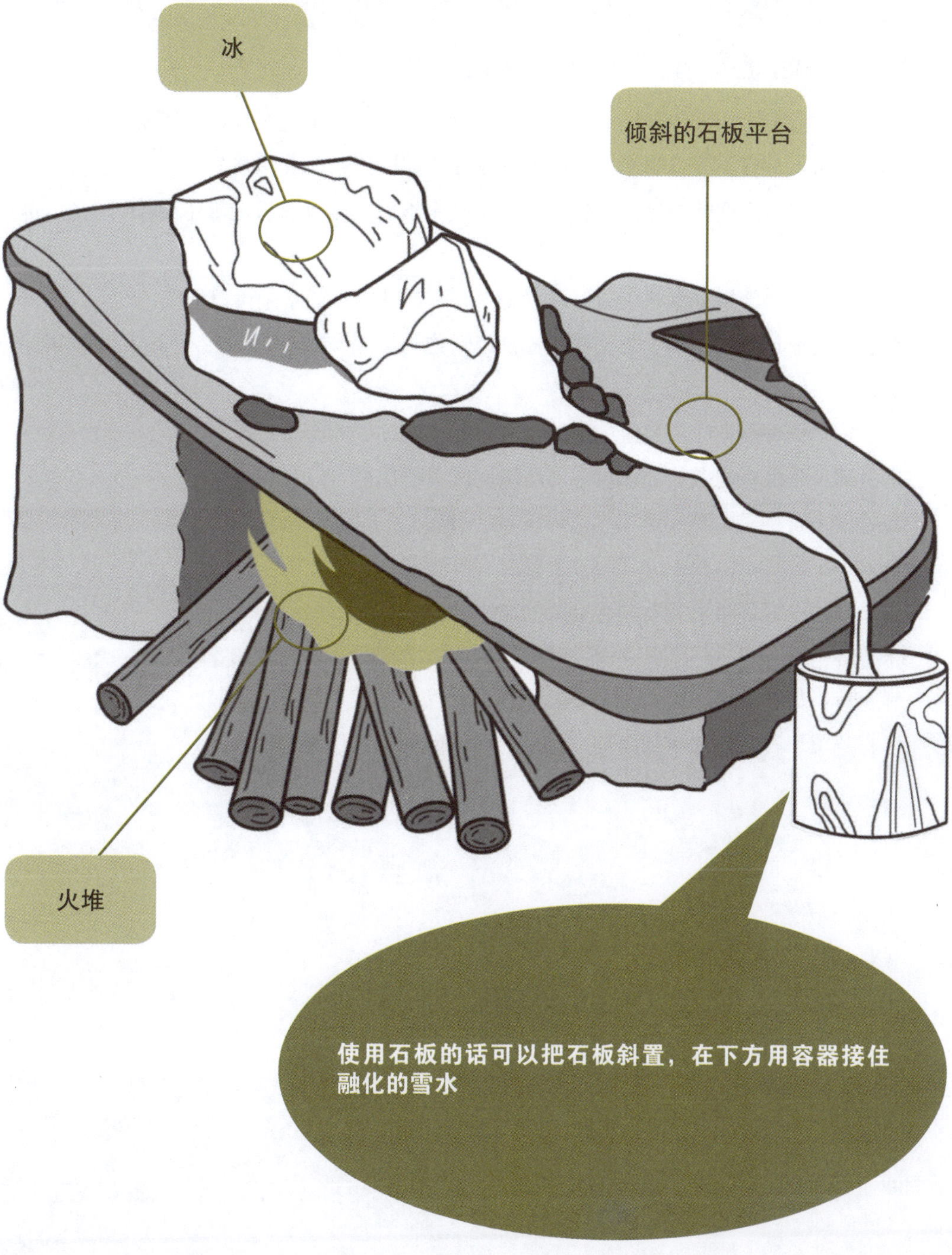

# No.055 极地可食用的植物

即使是在极地的恶劣环境中，也有许多动植物出没和生长，都可以当作食物。

1
2
3
4
5
6
7
8
9

**地衣类是许多极地求生者赖以生存的必需品**

在雪地和冻原上，有许多动植物可以当作食物。当然，前提是你必须了解哪些东西可食，哪些东西不可食。而且要熟知动物出没或者植物生长的地带和季节。

下面我们列出一些北极地区可食的植物，其中地衣类是许多极地求生者赖以生存的必需品。

红云杉：内层的树皮煮熟以后可以食用，将其针叶浸在热水中可以泡茶。

黑云杉：嫩芽可以直接生食，树皮煮熟以后也可食用，其针叶与红云杉一样可以用来泡茶。

拉布拉多杜香：其叶片泡成的茶称为拉布拉多茶，营养丰富。

北极柳：北极柳的嫩芽、叶片、内层树皮或者根部都可以食用。

云莓：云莓中富含维生素 C 和维生素 E，重 75 克的金黄色浆果所提供的维生素可满足一个人一天的需求。其中的纤维含量是所有野生浆果中最高的。

熊果：其中富含熊果素，具有抗菌的作用，煮熟以后可以食用。

冰岛苔：所有部分都可以食用，但是需要浸泡数小时并彻底煮熟才行。

驯鹿苔：与冰岛苔一样，也需要浸泡数小时以后再煮熟。

还有芦苇、石耳等植物和菌类，经过处理以后都可以作为食物。

## 可食性植物

**与温带地区、热带地区相比，极地的植物可以说是比较稀少，不过还是能找到一些可食的植物。比如：北极柳、熊果、黑云杉、红云杉、冰岛苔、驯鹿苔、石耳、云莓、芦苇等**

熊果可以做为药用植物，它的叶子中含有熊果素，熊果素有抗菌的功效，是一种温和的利尿剂，可以用来治疗泌尿系统的疾病，包括膀胱炎、尿路结石。将熊果的叶子浸泡在乙醇中，可以制作成熊果叶的萃取液，使用时需加水稀释。因为熊果中含有大量丹宁酸，因此有些人可能会出现痉挛、恶心或呕吐等不良反应，不宜长期大量食用

熊果

芦苇

嫩时含大量蛋白质和糖分，叶子可包粽子，花絮可做扫帚；根状茎叫做芦根，中医学上入药，性寒、味甘，功能清胃火，除肺热，有健胃、镇呕、利尿之功效

# No.056 极地可捕猎的动物

肉类是人类重要的营养来源，其中富含维生素、氨基酸、脂肪等多种营养。

### 不要以熊为猎物，也不能长期只食用兔肉

雪地和冰冻地区中有许多动物都可以猎杀食用，与在其他环境中一样，较大型的动物往往具有比较强的攻击性，除非身上有枪械，否则最好还是避之为宜。

如果身上带有强火力的武器，可以捕猎驯鹿、麝香牛、海象等体型较大的动物。这些动物在受到威胁或者受伤以后会狂性大发，危险性很高，一定要特别小心。

**无论如何，都不要以熊为猎物。**

若是身上并没有强力武器的话，可以捕猎北极狐、鼩鼱、松鼠、土拨鼠、雷鸟、年幼的海豹等。

如果捕猎到体型较大的动物或者数量比较多的小动物，尽量将所剩余的肉都储存起来，以备日后食用。保存新鲜鱼肉的最好方法就是将其冷冻，记得储放食物的地方要离地面一段距离，以免被其他食肉动物偷吃。

捕杀动物之后一定要趁着还有余温的时候放血、除去内脏、剥皮，食用前一定要烹煮到全熟。

**最好不要吃海豹或者北极熊的肝，其中维生素 A 的含量极高，很容易因为摄取过多导致头痛、恶心、呕吐、肌肉无力，甚至出现生命危险！**

也不能因为兔子容易捕捉而长期只食用兔肉，因为消化兔肉所消耗的养分要多于兔肉本身所提供的能量，这就意味着如果长期只吃兔肉的话会造成严重的营养不良。

# 极地可捕猎的动物

**极地的动物警觉性很高并且往往都有保护色，要靠近它们非常困难，因此最理想的捕猎工具就是枪械**

北极狐

雷鸟

如果捕猎到体型较大的动物或者数量比较多的小动物，尽量将所有的肉都储存起来，以备日后食用

鼩鼱

# No.057 冰上钓鱼

**鱼是一种比较容易获得的食物，在极地的溪河湖泊中也是如此。**

## 首先要打破冰层，将吊钩深入到没有结冰的水中

极地的湖泊常年结冰，这时鱼会聚集在湖水深处未结冰的地方。因此，钓鱼时要先打破冰层，将吊钩深入到没有结冰的水中。

从冰洞中钓鱼不比日常钓鱼，难度比较大，没有经验的人很难成功，而且一不小心可能会令自己掉进冰窟窿中。

首先要找一根长杆和一根比较轻的棍子，用布或者纸做成一面旗子绑在较轻的棍子上当作旗杆；然后将旗杆固定在长杆上，长杆要长于冰上洞口的直径；将钓鱼线系在旗杆的另一端，然后挂好鱼饵放入水中，将长杆横置在冰洞上。一旦有鱼上钩，就会带动旗杆立起来。

当然，如果运气好的话，甚至可能会遇到一群被突然袭来的寒流冻结在冰层中的鱼儿，这时就可以凿冰取鱼了。冰层受到外力冲击以后可能会裂开，一定要格外小心。

在取食鱼类和贝类的时候需要注意：鲑鱼、鲱鱼和淡水鲟鱼等鱼的鱼卵都可以食用；冰雪地区的贻贝可能具有很强的毒性，因此最好不要食用。万一只有贻贝可吃，一定要从伸入海中的深海湾去摘取，还要取出贻贝中的黑肉，只留下白肉作为食物。

**切记：不能取食留在海滩涨潮线以上的贝类，已死或者壳没有密闭的贝类也不能当食物。**

# 可食的极地鱼类

**要在极地追踪捕猎陆上的动物难度很大，尤其是当没有枪械之类的武器时，因此，钓鱼不失为一种不错的选择**

鲑鱼

水中有多种鱼类可以捕获，因此可以尝试在冰层上打洞，然后架起鱼杆钓鱼

杖蛇鲭

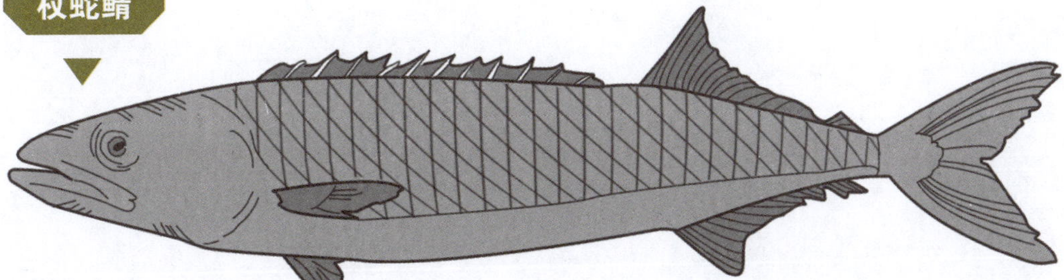

# No.058 在山地中如何行进

如果被困在高山地区而无法立即获救，求生者必须要及时移动到山谷中，避开湿冷的区域。

## 将身体重心保持在脚部，保持缓慢但有规律的行进步调

如果在原地无法获救的话，你必须要向山谷中移动，尽量避开比较湿冷的区域并尽量地接近可能有人居住的地带，但是千万不要选择夜间行动。

从山顶向山谷移动之前，首先要冷静下来，仔细观察周围的环境，选择可以安全下到谷中的路线。需要注意的是，千万不要在泥石流槽道中行进，因为一旦发生泥石流，可能会在短短的几分钟之内危及到你的生命。

高山地区的地形大多十分险峻，寻找到安全的路线以后，还要学习如何以正确的步法行进。

英国皇家海军陆战队会训练士兵学会在山地中行进，注意以下技巧：

· 保存体力，将身体重心保持在脚部，避免双臂或者上半身劳累，行走时腿部用力，带动双脚移动；

· 保持双手与肩膀同高，以促进手和双臂的血液流通；

· 抓握岩石之前必须轻敲测试，如果声音空洞则表示该石块并不稳定；

· 注意每一步的落点；

· 牢记“三点不动一点动”的原则，随时保持至少三点攀附在岩石上才能继续攀援；

· 保持缓慢但有规律的行进步调；

· 三思而后行，移动前预先做好计划并推想可能遇到的困难及应对方法；

· 手上若戴有戒指等饰品，应在攀援前摘下。

# 在高山地区行进

**在高山地区行进时务必随时留心并保持警惕，在转移身体重心时一定要确认落脚处是否稳固**

# No.059 如何在雪地中上下坡移动

**高山地区往往布满积雪，在深及大腿的积雪中行进非常费力，因此必须要学习相应的技巧。**

### 上坡时“之”字形前进，下坡时采取面朝外的蹬雪步法逐步下滑

在遍布积雪的高山地区，山体南部与西部的积雪会在白天受阳光照射以后消融，晚上则会重新结冻；而山体北部与东部的积雪则比较松软，因此并不稳定。

如果要在这一地区行进的话，最好选择从山体南部或者西部上下山，并且尽量选择有岩石或者植物等可供踩踏的路线。

沿着雪坡上行的时候，要注意以“之”字形路线前进，行走的过程中可以脚尖朝外，这种“倒八字”步法能够减轻脚踝的压力。同时，每踏下一步都尽量用力把积雪踩出凹坑，以便站稳。若是雪地表面已经结冰，就需要借助冰爪抓牢地面。行进的过程中要尽量保持短距而平均的步伐，这样不仅能够节省体力，也能随时保持身体平衡。

下雪坡的时候可以采取面朝外的蹬雪步法逐步下滑，用脚跟踩入积雪中减速。在下滑过程中，要避免身体前倾，否则可能会因为惯性翻滚下去。利用冰斧滑降是许多户外活动专家常常采用的方法：以坐姿沿着雪坡下滑，需要停住或者减速的时候将冰斧插入雪中。

**滑降的时候需要谨记：**

- 只有在坡底有能够安全停顿的缓冲区时才能使用滑降法；
- 滑降之前要摘下靴底的冰爪，否则可能会钩到异物令人摔下山坡；
- 务必戴好手套保护手部并握牢冰斧。

## “倒八字”步法

在山坡或者雪坡行走时采用“倒八字”步法可以减轻脚踝的压力

**制止下坠**

在向下滑降的过程中，一旦速度过快，要及时翻身面向坡面并将冰斧用力砍入地面

# No.060 雪崩

雪崩是发生在积雪山区的一种严重的自然灾害，在发生雪崩的同时可能还会引发滑坡、泥石流、山崩等灾害。

## 可能导致雪崩的因素

有许多因素都可能直接导致或者间接引起雪崩，如果事先清楚哪些地方容易发生雪崩，就能够提前避开。

坡度：坡度30°~45°的斜坡最容易发生雪崩，不过大规模雪崩也可能会发生在坡度25°~60°的山坡上。

剖面：由于积雪受到角度和地心引力的影响，最危险的雪板雪崩常常会发生在剖面外凸的陡峭山坡上。

坡面朝向：朝北的山坡在冬季受到阳光的照射较少，表面的积雪会因此结冻，雪层结构不再稳定，容易在冬天发生雪崩；而朝南的山坡则会因为阳光的照射导致积雪融化变重，雪崩更多发生在春季。

坡面特点：雪崩常常发生在坡面平滑的山坡，表面遍布树木或者大块岩石的山坡发生雪崩的几率很小。

松雪：雪层松软的陡峭坡面容易发生松雪坍塌，因此踩上雪层之前最好确认底下的雪层是否密实。

风：风会将迎风坡的积雪吹至背风坡，一旦风速超过25千米/小时就可能引起雪崩。

降雪：突降的大雪比连续数天的积雪更危险，松软的雪层非常不稳定，很容易引起松雪坍塌，导致雪崩。

温差：日夜交替或者其他因素造成的温差会引起积雪层变化和移动，因此如果温度急剧变化，务必要保持警惕。

## 松雪雪崩

松雪雪崩时会有大量粉状细雪急速下冲，如果陷入雪流中会被雪粒闷死

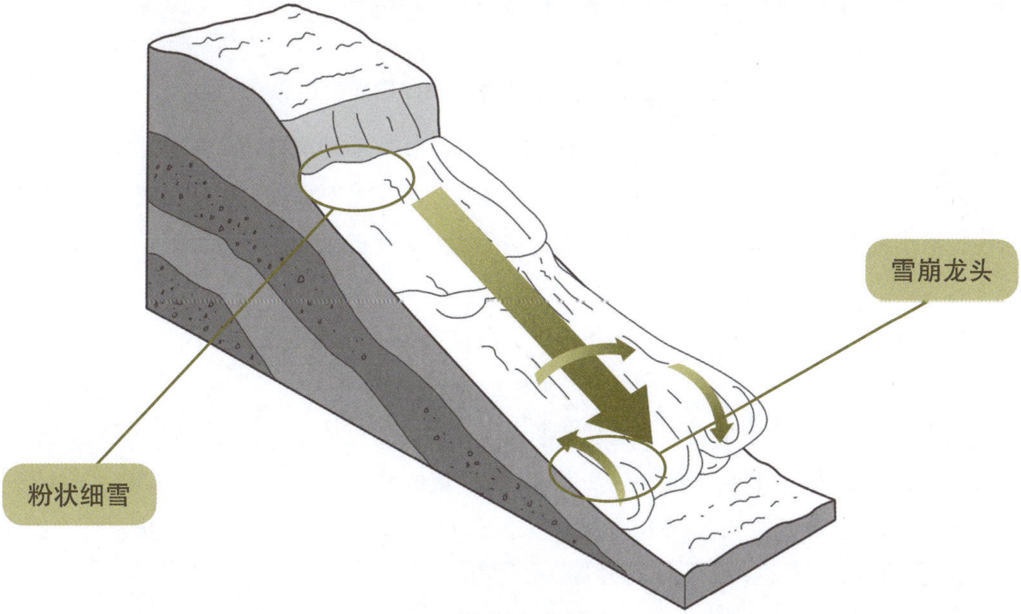


### 雪板雪崩

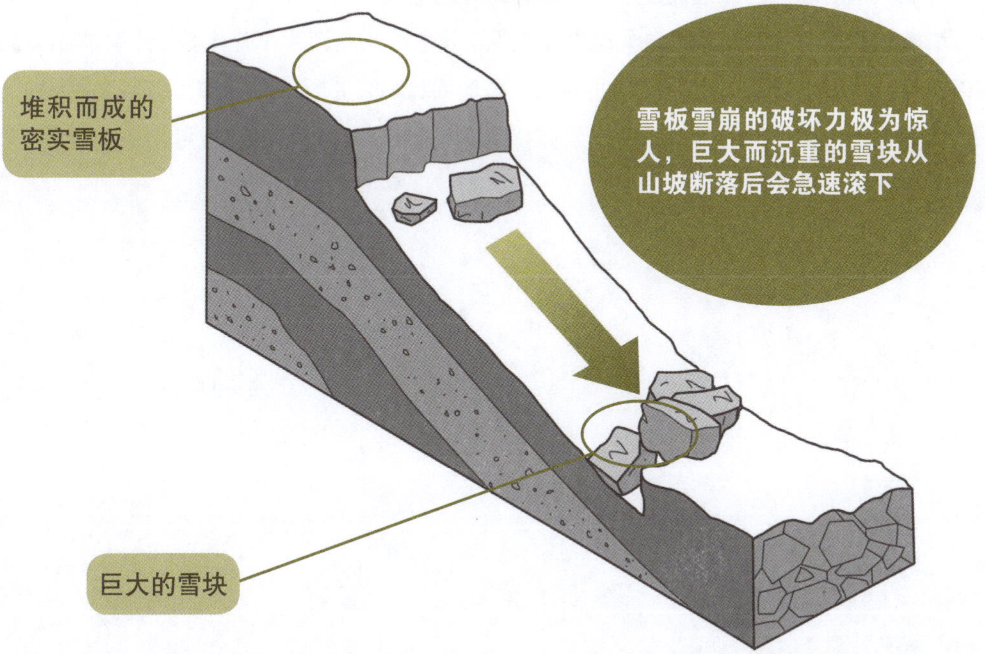

# No.061 遇到雪崩以后如何求生

大多数雪崩事先都会有一定的征兆，尽量避免在类似地区活动，若是已经遇上雪崩，一定要冷静并沉着应对。



## 陷入雪流以后不要慌乱，等到雪崩力道减弱后再向雪层表面移动

雪崩通常会在同一地区重复发生，特别是经历多次雪崩冲袭以后，坡面越发平滑，更容易导致雪崩。因此，在到达遍布积雪的高山地区以后，要对该地区进行相应的辨识。如果发现有陡峭并且开阔的冲沟、连根拔起的树木或者大块的滚落岩石等，都表示该地曾经发生过雪崩。

如果你无法辨识，并且不幸遇上了雪崩，还被困在了坍塌的雪流当中，务必要立刻采取方法自救。

首先，迅速卸下自己的背包和雪橇等装备，试着向雪流的边缘移动。如果还能在雪流中游动，可以像游泳一样用力前游，以背部迎向雪流的冲击。同时，要注意不能张口呼吸，如果遇上松雪雪崩的话，还需要用口罩、围巾等遮住口鼻，隔绝空气中的粉状雪粒，避免因此导致窒息。

陷入雪流以后，保存体力非常重要，等到雪崩的力道减弱并且逐渐稳定以后，再向雪层的表面移动。如果一味地慌乱求生，最终生还的希望非常渺茫。

雪流稳定以后，试着慢慢向雪层表面挖掘前进。如果雪流中一片黑暗，难以辨别方向，可以试着吐出一点唾液，唾液流动的方向就是地面，与之相反的方向即是雪层表面。

无论遇到哪种类型的雪崩，一定要保持镇静，按步骤保护自己，才可能成功自救。

## 预防雪崩的设施

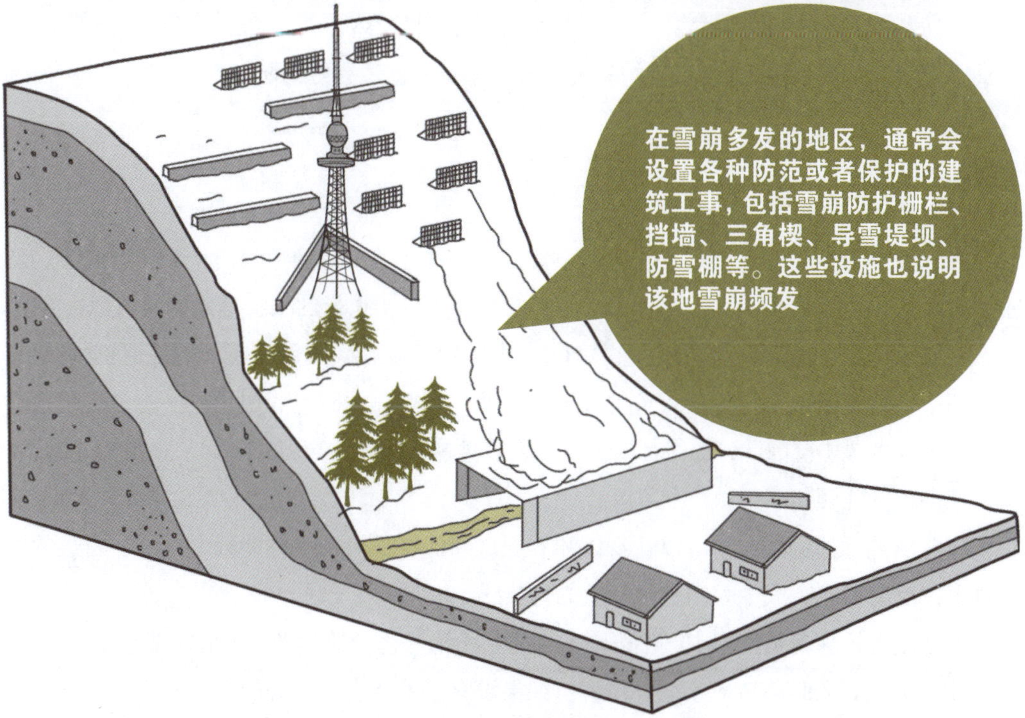


### 雪崩中求生

# No.062 荒漠中的衣着

荒漠地区气候极端，合理的衣着能够为求生者提供更好的防护。

### 不同衣物的保护作用

在荒漠中求生时，衣物对于求生者而言，是一种能够提供避免晒伤、隔热、挡沙、防虫等诸多保护功能的装备。因此，求生者千万不要觉得所携带的衣物是累赘而将其丢弃。

一些求生者在荒漠中行进时，会像日常一样，一旦觉得炎热就卷起衣袖甚至脱掉衣服，这样的举动在荒漠中十分危险。求生者可能会因此被炽热的阳光灼伤，还可能会遭到荒漠中蛇虫鼠蚁的攻击。因此，随时都要保证头部、身体、双腿完全覆盖。如果觉得炎热的话，只要稍微松开几颗扣子，保持通风就行。

穿着浅色系的宽松衣物可以让身体和衣服之间保持通风干爽并能减少排汗，白色的衣服则可以反射阳光，减少太阳直射产生的灼热感。

墨镜或者护目镜是荒漠中必不可少的装备，无论是剧烈的阳光，还是狂风卷起的沙尘，都可能对求生者的眼睛造成永久的伤害。如果没有墨镜或者护目镜的话，最好用布条或者树皮等自制眼罩，留下可供观看的缝隙即可。还可以在眼圈下方抹上煤灰等深色涂料，减少皮肤反射的刺眼光线。

**法国外籍军团荒漠穿着须知**

- 白天务必保证衣物遮蔽全身；
- 切记要穿着长裤和长袖上衣；
- 头部也要保持随时遮蔽；
- 颈部后侧要记得披覆这样的布块或者围巾（见右页上图）；
- 保持衣着宽松；
- 只有遮阴时才摘下衣帽、脱去靴袜；
- 再次穿上之前要先确认有没有蜘蛛、蝎子等钻入衣物当中。

# 头巾

这种阿拉伯头巾可以保护头部和颈部，避免被阳光晒伤，并且能够防止沙尘侵入口鼻

## 护目镜

利用薄纸板或者树皮即可自制成简单的护目镜

# No.063 荒漠中如何寻找水源

在荒漠中求生，寻找水源是首要的任务，如果没有水的话，求生者的生命很快会遭到威胁。

## 如何寻找水和食物

荒漠中温度变化幅度极大，许多荒漠地区在夏季都会出现大约48℃的高温。在这种环境中，如果不能及时补充水分，就算是待在荫凉的地方，也只能维持两天半的生命。若是还要保持移动的话，最多只能走出8千米。

荒漠中很少有地表水，却可能存在地下水。求生者在找到干涸的湖泊或者河流时，可以用铁锹、棍棒、石块等从河床底部挖掘。短时间内如果能挖到潮湿的沙土，就暂停挖掘，让水自然渗出；如果没有发现水，就换一个地点挖掘，记得不要过度浪费体力。

除了地下水，荒漠中的山脚或者峡谷等地方也可能会有水。若是在谷壁等地方有植物生长，说明岩石缝中有水渗出。

荒漠中并非是寸草不生的，在许多地方都会生长着芦苇、草类、柳树、棕榈树、仙人掌等植物。求生者要留意这类植物，因为这意味着在该处可能有着稳定的水源。

此外，荒漠中的植物本身也是珍贵的水源。将仙人掌的外皮剥去以后，可以直接嚼食其内部纤维，其中丰富的汁液能够补充人体所需的水分。另外像猪草等植物中，叶梗处富含水分，猪草的叶片和茎部皆为肉质，当季时会开出黄花。

### 法国外籍兵团在荒漠中保存水分的技巧

水在荒漠中是最珍贵的资源，因此要尽可能保存体内的水分，减少流失。

- 全身都要有衣物遮蔽，能够减少排汗；
- 除非有稳定的水源供应，否则不要将水浪费在清洗物品上；
- 减少不必要的走动，尽量减少出汗；
- 喝水时小口啜饮即可，如果水资源不足的话，只用水润湿嘴唇；
- 口中含小石头或者咀嚼草叶能减少干渴感。

## 荒漠中的水源

**荒漠中如果出现茂盛的绿色植物，大多意味着有水或者绿洲，附近也可能存在人工挖掘的水库等储水设施**

### 从干枯的河床中汲取水分

# No.064 荒漠中可食用的植物

荒漠中的食物并不十分丰富，加上水源的限制，许多食物在消化时会消耗体内的水分，因此在进食以前要考虑更多因素。



## 荒漠中的可食植物

美国空军对于在荒漠中进食有着明确规定：只有饮水充裕的时候才能摄取蛋白质类食物，因为消化这类食物会消耗体内的水分。如果饮水受到限制，每天只能喝半升水的话，就不应该进食。

由此可见，在荒漠中即使找到食物，也要根据实际情况选择是否食用。

荒漠中可食用的植物根据地理区域的分布有所不同：大部分荒漠中都能找到椰枣，当地的居民常常会在绿洲或者灌溉水渠周围种植这类植物；在叙利亚以及欧洲的一些沙漠中可以找到无花果树，其果实煮熟以后即可食用。

此外，在沙漠中还应该学会辨认以下几种可食用的植物：

角豆树：荚果扁平，果肉营养丰富并且可以直接生食。荚果内的种子可以磨碎煮粥；

金合欢：种子可以烘烤后食用，其嫩叶嫩芽则可以煮食；

猴面包：根部富含水分，果实和种子可以生食，嫩叶嫩芽也可以煮熟后食用；

龙舌兰：茎部煮熟以后可以食用；

野瓜：果实和叶子煮熟以后都能使用，种子烘烤后也可食，咀嚼其茎部和嫩芽能够获取少量水分；

仙人果：即仙人掌的果实，剥皮以后可以生食，也可以将其种子烘烤制成粉末或者从茎部榨取水分。

荒漠中也有一些可供食用的草类，最可口的部位是草茎的泛白色柔软端部，草籽也可以作为食物。

## 可食用的荒漠植物

**这些植物不仅能够当做食物提供营养，像仙人果的茎部和猴面包的根部还可以提供水分**

### 野生瓜类

野生瓜类的果实、叶子、种子都可食用，根茎则含有水分

# No.065 荒漠中可食用的动物

**在荒漠中，捕食小动物也是获取食物的主要来源之一，不过这要求求生者必须具备相应的捕猎技巧。**

## 捕猎可食用的动物

荒漠中的各种哺乳类、鸟类、爬行类动物以及昆虫都可食用，它们是求生者在荒漠中的主要食物来源之一。

在捕食较大型的动物或者鸟类之前，求生者先要设置好圈套。捕捉到猎物以后，还要想办法赶在鹰、秃鹫、狼等动物出现之前带走猎物，否则即将到手的猎物可能会被它们抢走。除了使用圈套之外，还可以在兔子窝的洞口放火，用烟将兔子从洞中熏出来，在兔子窜出洞口的瞬间将其一棍打晕。

如果实在没有办法的话，可以尝试碰碰运气，在深草丛中放火，等火熄灭以后也许会找到烧焦的兔子或者鼠类等小动物。

蛇或者蜥蜴等爬行动物也是求生时的狩猎目标。蛇肉虽然美味，但是可能会有毒，它们在清晨和傍晚活动比较活跃，在正午时则会躲在荫凉处。蜥蜴通常会躲在石块下方，可以用石头或者弹弓对其进行攻击。

人们往往会觉得食用昆虫非常可怕，但是实际上许多昆虫相当美味并且富含蛋白质。**需要注意的是：荒漠中有很多有毒的昆虫，比如色彩斑斓的毛毛虫、蝎子、蜈蚣等。**

### 美国陆军特种部队“绿色贝雷帽”如何采集食用荒漠中的昆虫

昆虫是荒漠中珍贵的食物来源，因此学会捕捉食用昆虫对于荒漠求生者非常重要。

- 捕捉石块下的昆虫；
- 夜间利用灯光吸引昆虫；
- 蚂蚁的幼虫是极佳的食物，将大量蚂蚁拨入装水的容器中，幼虫会浮到水面；
- 食用蝗虫和蟋蟀之前应先拔除翅膀和腿部；
- 务必将蝗虫完全煮熟再食用。

## 引兔出洞

### 蝗虫

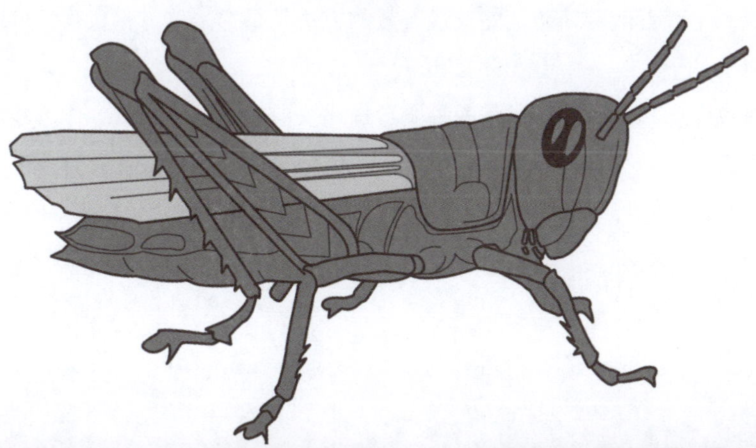

虽然蝗虫口感不佳，但是富含蛋白质，是求生时极佳的食物

# No.066 荒漠中危险的动植物

荒漠中的一些有毒的动植物可能会危及到求生者的生命，求生者需要时刻保持警惕。

## 有毒植物

大部分荒漠植物都生有尖刺，许多尖刺还带有细小的倒钩，当求生者接触到这些植物时，倒钩会钩住求生者的皮肤或者衣物。因此，如果遇到这类植物，最好和它们保持安全距离。尤其像毒栎和毒葛等，一旦接触，会引起非常严重的皮炎。

## 有毒动物

昆虫：在荒漠中活动时，要避开任何可能是蚁窝的土丘，若是被蚂蚁叮咬，可以敷上泥土缓解疼痛。蜈蚣通常藏在岩石下方，晚上是蜈蚣活动的高峰期，被蜈蚣叮咬以后，症状轻重不一，重者可能会昏厥或者休克。

蝎子：蝎子经常躲在岩石下，晚上常常会爬进求生者的睡袋或者靴子中，如果不注意，就会被它蜇伤。因此，求生者应选择一体式的帐篷，使用睡袋或者穿靴之前也要记得仔细检查睡袋和靴子。

蜘蛛：在野外被蜘蛛咬伤以后鲜有有效的救治方法，伤患者往往要忍受数天的疼痛、恶心、眩晕等症状，因此遇到蜘蛛的话能避则避。

蛇：荒漠地区常见的毒蛇包括眼镜蛇、蝰蛇和响尾蛇等。人体最易受到蛇攻击的部位是膝盖以下、双手或者前臂，防范蛇咬最有效的方法就是穿上能够提供保护的衣服，同时要注意保护双手。

蜥蜴：希拉毒蜥和墨西哥毒蜥是两种剧毒蜥蜴。前者头部大且圆、体型粗胖、尾巴粗短肥大，身上的鳞片呈亮黄色且带有斑纹；后者体型较大、颜色较深并且尾巴细长。虽然这两种蜥蜴都有毒，但是不主动骚扰它们的话不至于有危险。

## 蝎子

蝎子喜欢待在阴暗封闭的地方，常常会钻入睡袋或者靴子中，因此使用睡袋或者穿靴之前要记得检查

### 蛇

人体最易受到蛇攻击的部位是膝盖以下、双手或者前臂，防范蛇咬最有效的方法就是穿上能够提供保护的衣服，同时要注意保护双手

1
2
3
4
5
6
7
8
9

# No.067 在热带地区活动需要注意什么

**热带地区尤其是丛林当中资源非常丰富，获取食物和水并不难，因此最好评估原地获救的概率，再决定是否离开。**

### 总体而言，沿着河流行进是相对容易的

如果待在原地确实很难获得救援，必须要前往其他地区的话，河流、山脊以及丛林中被人们踩踏而出的小径是最容易走的路线。

在行进过程中，求生者不可能一帆风顺，河流沿岸可能草木丛生，很难抵达岸边或者驾驶小船在水面前行，而且水中可能有水蛭、鳄鱼等；山脊上的各种植物往往会掩盖山体裂缝甚至延伸到悬崖边缘；即使是人们踩踏出的小径，也可能通往沼泽、灌木丛或者根本就是一条死路。

尽管存在危险，总体而言，沿着河流行进是相对容易的。求生者最好手持开山刀，一方面可以用来开路，另一方面，在遇到危险的时候能够及时自卫。而且，靠近河流行进的话无须担心食物和饮水的来源。

如果要过河的话，先要观察好对岸的地形，确定到了对面以后能够爬上岸。涉水而过时，以 45° 角沿着河水流向行进，可以减缓河水的冲击力。

**需要注意的是：绝对不要试图穿越靠近瀑布或者无法判断水流深度的河段。**

热带丛林中天黑得很快，因此日落之前就要扎营，扎营时不可距离河流太近，避免遇上突发的暴雨被洪水淹没。还要记得将周围的地面植物全部砍除，这样不仅能够制造出更大的营地空间，也能在一定程度上驱散周围的蛇虫鼠蚁等。更重要的是，空旷的地面能够有效提高被救援人员从空中发现的几率。

## 热带河流

如果要过河的话，先要观察好对岸的地形，确定到了河对面以后能够爬上岸

### 热带丛林

热带丛林中天黑得很快，因此日落之前就要扎营，扎营时不可距离河流太近，避免遇上突发的暴雨被洪水淹没

# No.068 热带丛林中最大的“敌人”——昆虫

**很多人以为热带丛林中最危险的是蛇和大型野生动物，殊不知还有一些更小的“敌人”才是最可怕的。**

## 各种昆虫会传染疾病或者在叮咬同时释放毒素

热带丛林中充满了各种危险的昆虫，它们会传染各种疾病或者在叮咬的同时释放毒素，比如蜱虫、红螨、蚊子、蜘蛛、蝎子、蜈蚣、黄蜂、蚂蚁等。

蜱虫：这种寄生虫多生于草丛中，通过吸食人或动物的血液传播疾病。在热带丛林中活动时，每天至少要检查一次身上是否有蜱虫吸附。

红螨：会传染斑疹伤寒，通常躲藏在草丛较深的地面，只要不直接躺或者坐在地面上，并且扎营之前尽量将地面的草清理干净，就能有效地预防被其叮咬。

蝎子：它们在热带丛林中非常活跃，蝎子会躲在石头或者枯树的树皮下，也有可能会钻进鞋子或者衣服当中，因此在穿上鞋袜衣服之前应仔细检查。

蚂蚁：在热带植物的枝叶之间，常常攀附有大量红火蚁，如果被红火蚁叮咬的话会疼痛难当，并出现很多红斑，如不能及时救治，可能出现化脓等症状。

### 预防叮咬

昆虫是求生者在热带地区最大的威胁，因此要做好必要的防范措施：

- 在露出的皮肤和衣物的开口处喷洒驱虫剂；
- 尽量让衣物覆盖全身，尤其是晚上更不能放松警惕；
- 尽量遮住手臂和双腿，头部、面部的保护也非常重要；
- 在远离沼泽的地方扎营；
- 睡觉时要撑起蚊帐，没有蚊帐的话可以在面部涂抹泥巴，预防昆虫叮咬。

## 衣物防护

在容易遭到昆虫叮咬的地方，可以利用网罩自制头套，保护头部和面部
手部的保护也不容忽视，手套可以发挥很好的防护作用
腕部和脚踝处可以绑上具有弹性的束带，防止蚊虫钻入

# No.069 丛林中危险的野生动物

**热带丛林中植被丰富，同时也孕育出了种类繁多的野生动物，它们有时候也是求生者潜在的威胁。**

## 不要试图去捕抓蛇类，切勿与野猪近距离搏斗

热带地区有许多攻击性很强的野生动物，像毒蛇、野猪、鳄鱼，甚至还有水蛭、食人鱼等。

热带地区的毒蛇种类很多，包括蝰蛇、眼镜蛇、响尾蛇、树眼镜蛇、环蛇等。这些毒蛇的毒性很强，其中有些毒蛇不仅会咬人，还会喷射毒液，如果不小心让毒液溅入眼睛或者身上的伤口，后果非常严重。

正常情况下，蛇不会主动攻击人，但是最好也不要试图去捕捉或者刺激它们。像树眼镜蛇、巨蝮蛇等毒蛇，有时也会主动攻击人类。

除了蛇以外，野猪、鳄鱼等大型野生动物也会威胁到求生者的生命安全。

野猪是一种杂食性动物，一旦发狂非常危险，如果要捕猎野猪，最好使用火力强大的枪械或者陷阱。

**切勿与野猪近距离搏斗，它们的獠牙非常锋利，一旦被刺中就会受到重创。**

鳄鱼常常趴在岸边或者潜伏在水下，一旦有目标靠近水边，鳄鱼就悄无声息地靠近，然后以强有力的吻部将目标拦腰咬断。因此，求生者在靠近水边或者下水的时候，一定要格外留意，在水中行走时务必慢慢移动，以免引起鳄鱼的注意。

### 英国空军特勤队如何与蛇周旋

英国空军特勤队的队员都是丛林中求生的专家，他们深知在毒蛇出没的地区该如何应变。

- 每踏下一步都要十分小心，避免踩到蛇；
- 采摘水果或者拨开草木时要特别留意树上的蛇；
- 不要轻易激怒、捕捉、攻击蛇；
- 翻起石块等物时务必用棍子，不要直接用手去翻；
- 尽量穿结实的靴子，蛇牙很难刺穿皮革；
- 遇到蛇以后应保持冷静并缓缓后退，通常蛇会主动离开原地；
- 如果要攻击蛇，应用长棍击打其头部后方，在确认已经将其打死之前，不要轻易靠近。

## 藏在树上的毒蛇

热带地区的许多毒蛇都可能置人于死地，要时刻小心才能保证求生者的安全

### 野猪

# No.070 在热带地区寻找饮用水

地表水在热带丛林当中随处可见，不过要过滤以后才能饮用。因此，从植物中获取水分也不失为一种行之有效的办法。

1
2
3
4
5
6
7
8
9

### 竹节中的水已经变色的话就不要喝了，熟透的椰子汁不宜过量饮用

地表水在热带地区几乎随处可见，溪流、河湖、沼泽都属于此类，通过这种途径获得的水必须经过净化以后才能饮用。

除此之外，许多热带植物本身具有能够储水的中空结构，因此求生者可以留意四周是否有呈中空的植物茎叶、棕榈树或者藤蔓等。

许多植物藤蔓中富含水分，而且不用净化就可直接饮用。藤蔓外层可能会有一些刺激性物质，因此从藤蔓中汲取水分的时候尽量避免用嘴直接接触藤蔓，以免引起不适。

竹子的竹节中往往会存留水分，摇动竹子如果能够听到水声则说明竹节中有水，可以将竹节的一端割开后饮用。饮用之前要检查竹节内的水，如果看起来清澈干净表示可以直接饮用，若是已经变色的话就意味着无法饮用。

椰子是热带地区非常常见的树木，也是重要的饮用水来源。椰子汁富含蛋白质、脂肪、维生素以及多种矿物质，营养极为丰富，是极好的解渴饮品。饮用时最好选择尚未完全熟透的椰子，熟透的椰子汁中含油量很高，如果摄取过量可能会引起腹泻。

仙人掌的茎部含有大量水分，可以将茎的顶部切除，捣烂内部的肉质，然后用吸管插入吸饮。这种方法相对比较费力，因此只有在体力充足并且没有其他水源时采用。

#### 澳大利亚特种部队识别藤蔓中水分是否安全的技巧

澳大利亚特种部队的士兵非常擅长在丛林中作战，他们总结出了一套非常实用的判断藤蔓汁液是否安全的方法。

- 在藤蔓上削出口子让汁液流出，若是汁液呈乳状则不能饮用；
- 若流出的汁液清澈无色表示应该可以饮用；
- 将藤蔓汁液放在掌心仔细查看；
- 片刻之后若是没有变色，可以沾一点尝尝；
- 味道像水或者比较甘甜、有木头味说明可以饮用；
- 味道比较苦涩则应避免饮用。

# 从藤蔓中取水

## 从仙人掌中取水

# No.071 热带地区的食物

**热带丛林中到处都是可食的动植物，想要获取充足的食物并不困难。**

## 捕猎动物

动物的肉是人类重要的食物来源之一，在热带丛林中活动时，可以在动物时常出没的地方设置圈套和陷阱，用来捕捉刺猬、豪猪、鹿、松鼠、野猪等动物，以获得充足的肉食。

热带丛林也是各种爬行动物的天下，因此也可以考虑捕捉蛇或者蜥蜴等作为食物。当然，这对很多求生者而言难度非常大，不建议一般人尝试。

如果所处的地区离海比较近，鱼、虾、蟹、贝等也可以加入菜单。当它们随着波浪游到沙滩上之时，是最容易捕获的，你可以用自制的鱼叉或者其他工具捕捞。捕捞时要注意辨别，颜色鲜艳并会发出刺鼻气味的蛙类通常都有剧毒，因此不能作为食物。

## 辨别植物可食与否

在前往热带地区之前，必须要学会辨别一些常见的有毒植物，比如荨麻、马钱子、麻风树、虎爪豆、蛇莓、印尼黑果等。

**食用任何植物的果实之前，除非能够确认这是哪种植物，否则最好不要轻易尝试。**

热带丛林中的可食植物很多，柑橘类果树、椰子树、香蕉树、木瓜树、面包树等的果实或者其他部位都可食用。

总之，在热带丛林中寻找食物的时候，可选范围很广，求生者需要根据自身的求生技巧、可用装备、体力等方面综合考虑，选择合适的食物食用。

# 可食用的热带植物

**以下几种植物在热带丛林中非常常见，能够提供生存所需的维生素、蛋白质、脂肪、矿物质等多种营养**

野生无花果

面包果

花生

香蕉

## 几种有毒的植物

**马钱子**

毒性十分强烈，接触以后要立刻清洗

**野山药**

块茎具有轻微毒性，彻底煮熟以后方可食用

**麻风树**

果实有毒，不可食用

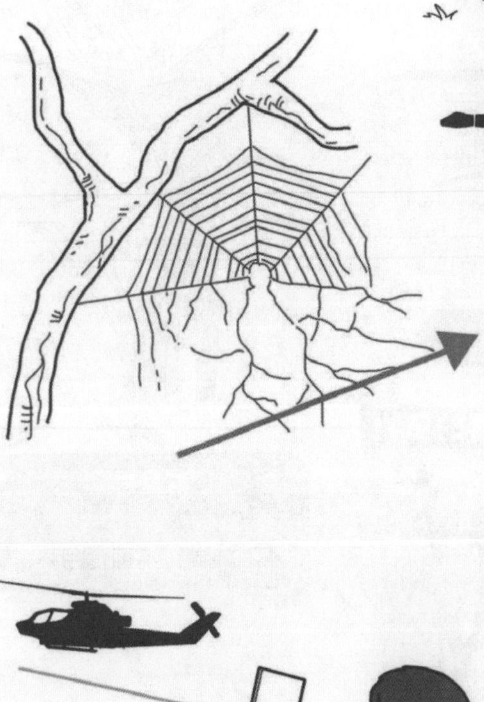

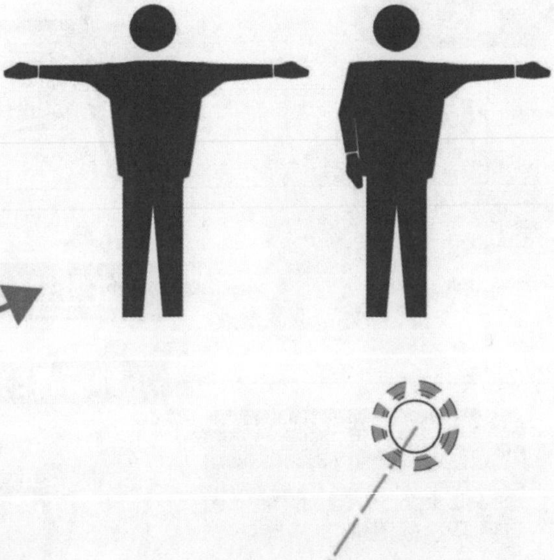

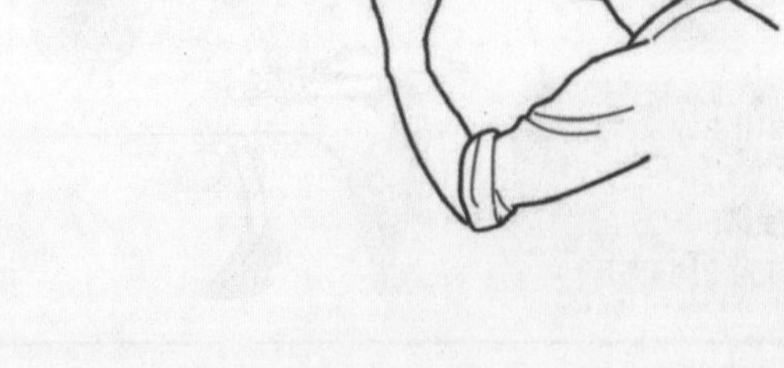

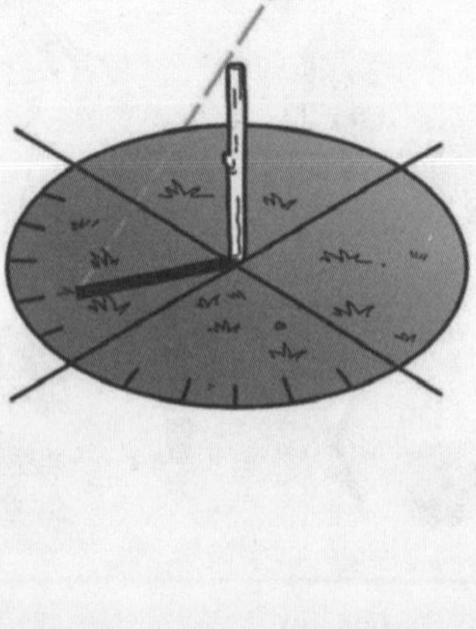

# 第八章

# 发送信号与定位导航

# No.072 学会读懂地图

如果求生者决定离开营地前往其他地点，此时就要充分利用手中的地图以及其他定位装置，尽可能制定合理的路线。

**解读地图可以计算两点之间的直线距离，看出哪是高山哪是河谷**

地图是按照一定的比例，运用符号、颜色、文字注记等描绘显示地球表面的自然地理、行政区域、社会经济状况的图。地图中包含了丰富的信息，只有学会如何解读才能充分加以利用。解读地图最根本的目的就是将地图上的线条转换为实际的地形地貌。

利用地图能够估算不同地区之间的距离，综合地图上图例、比例尺、指向标等因素加以解读，找出两个地点在地图上的位置，就能估算出两个地点之间的距离以及到达另一地点所需的时间。

所谓图例，是指地图符号和注记的简要说明。例如用不同大小的五角星或者圆点标注首都、省、市所在；用黑白相间的线条表示铁路；红色单线表示公路等。

比例尺是表示图上距离比实际距离缩放的程度，比例尺 = 图上距离 / 实际距离。若要计算出地图上两点之间的直线距离，只要确定地图上两点之间的距离，通过比例尺换算即可。

指向标是地图上的定向工具，一般标尖指向北方。求生者在确定目的地之前，首先要明确自己的方位以及目的地与自己的相对方向，然后才能根据地图确定路线。

除了这三个基本要素之外，地图上还有一个非常有用的要素——等高线。等高线是连接地形中同等高度各点的闭合曲线，相邻的等高线之间表示一定的垂直高度差异。根据等高线的分布，可以从地图上看出哪里的地势陡峭、哪里有山或者河谷等，以此为根据制定最为合理的行进路线。

# 地图示例

**地图的比例尺越大，包含的信息越多，因此野外求生时最好选择大比例尺地图**

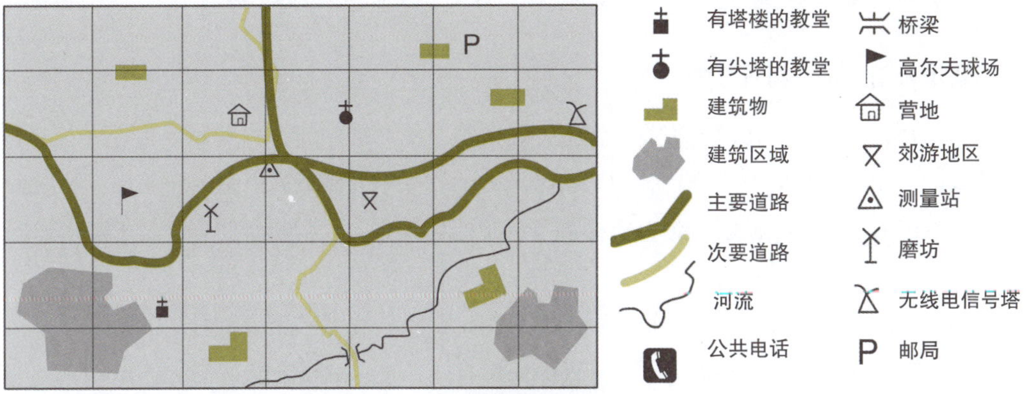


## 等高线

# No.073 利用太阳判断方向

在制定求生路线之前，求生者先要判断清楚方向才能确定行进路线，避免迷失方向而不自知。

1
2
3
4
5
6
7
8
9

## 利用太阳和手表判断方向

我们常说太阳东升西落，但是事实上，这并不是绝对准确的。如果处于北半球，正午时分太阳升至最高点时偏向南边，而在南半球的话，太阳升到最高点则偏向北边。利用太阳确定方向时，可以分阶段标记，根据脚下影子的移动方向，判断所处位置属于南半球还是北半球。南半球影子是沿逆时针方向移动，北半球是按顺时针移动。

确定了所处半球以后，我们可以利用“日影定向法”或者“手表定向法”确定方向。使用这两种方法判断方位在野外求生活动中非常有效，唯一的要求就是天上要有太阳。

日影定向法：首先将木棍或者树枝垂直插在地面上，在其影子的末端做上记号；过10~20分钟以后，等影子末端移动数公分时再次标记；连接两个记号的直线所指示的即为大致的东西方向，在这条直线上垂直画一条直线即南北方向。利用这个办法，不仅能够确认方向，还能用来确定大概的时间。

手表定向法：若处于北半球，则将时针指向太阳，此时时针与12点钟之间的中间线指向南方；若是在南半球的话，则应将12点钟的位置对准太阳，此时时针与12点钟之间的中间线指向北方。

这两种定向方法识别准确，能够很大程度上帮助求生者制定求生线路，唯一的不足之处就在于只有天上有太阳的时候才能使用，因此求生者还应掌握其他一些不依赖太阳的定向方法。

## 日影定向法

**由于阳光下物体投射的影子会随着时间移动，因此可以用来帮助确认方向**

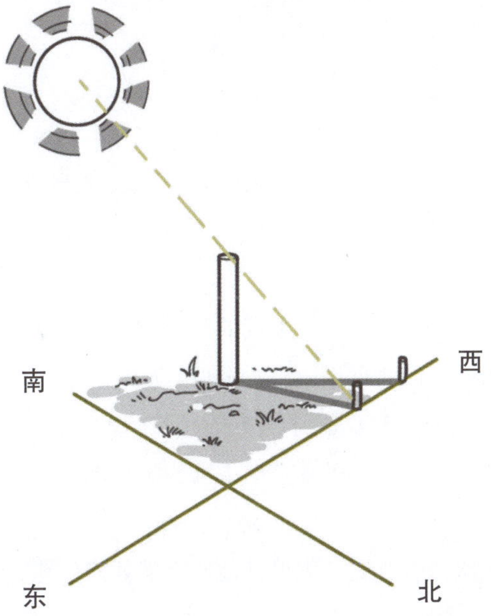


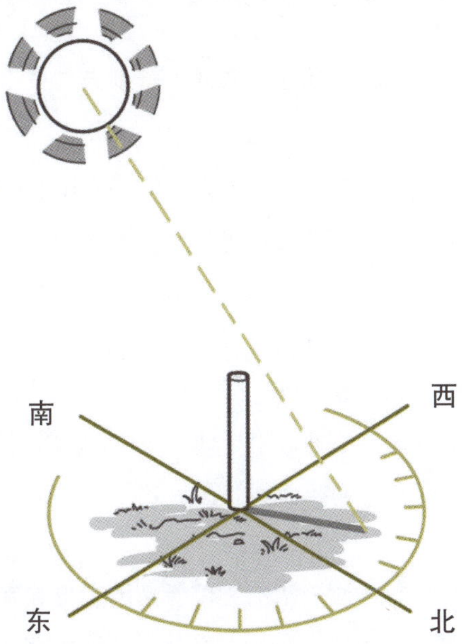


### 手表定向法

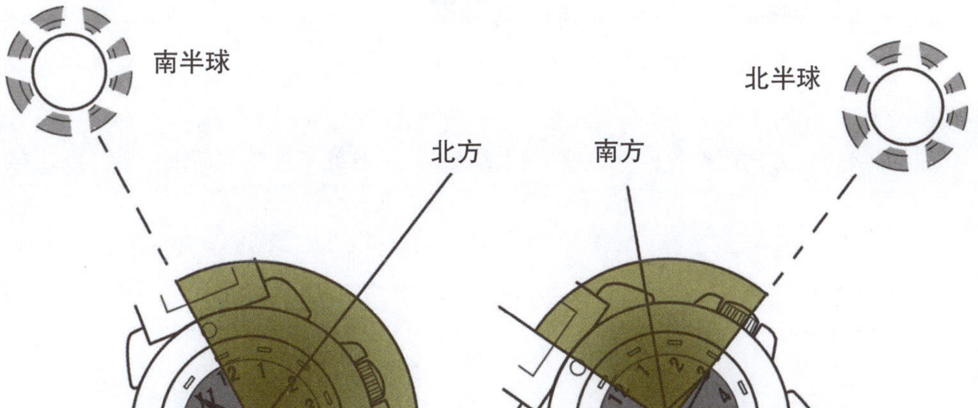

# No.074 夜间如何辨别方向

前文中我们简单介绍了如何利用太阳辨别方向，那么在没有太阳的夜间，应该如何辨别方向呢？

## 利用“星辰定向法”辨别方向

除了太阳，天空中的星辰也能帮助我们辨别方向，但是利用星辰与太阳一样，受天气的制约比较严重。最常见的是利用北极星、北斗七星、南十字座、猎户座等星座进行辨别。

北极星：北极星属于小熊星座，是北方天空最显眼的恒星，从地球上看，它的位置几乎不变，因此可以用来辨别方向。

北斗星：北斗星是大熊星座中排成勺形的 7 颗星，北斗星在不同的季节和夜晚不同的时间，出现于天空不同的方位，但是末端两颗星始终指向北极星，可以用来帮助寻找北极星。

南十字座：南半球天空中的南十字座由 4 颗主要亮星组成，将 4 颗星所形成的“十字”较长的一臂向下延伸约 4 倍，所指的位置就是南天极，南天极垂直向下即为地面上的正南方。

猎户座：猎户座位于赤道上方，在南、北半球都能看到，无论是地球上的任何位置，都能看到猎户座从东方升起、由西方落下。

月亮也可以用来指示方向。我们知道，月亮本身是不会发光的，它是靠反射太阳的光线发光。如果在太阳落下之前就能看到月亮，此时月亮被照亮的一侧是西方；如果月亮是在太阳落下之后才升起的，那么被照亮的一侧是东方。在同一天内，月亮出来后位置随时间逐渐偏西。

利用月亮辨别方向需要长时间观察并积累经验，因此并不建议普通求生者选择这种方法。

# 利用北极星辨别方向

**北极星可以明确指示北方，北极星位于大熊座和仙后座之间，夜间非常显眼**

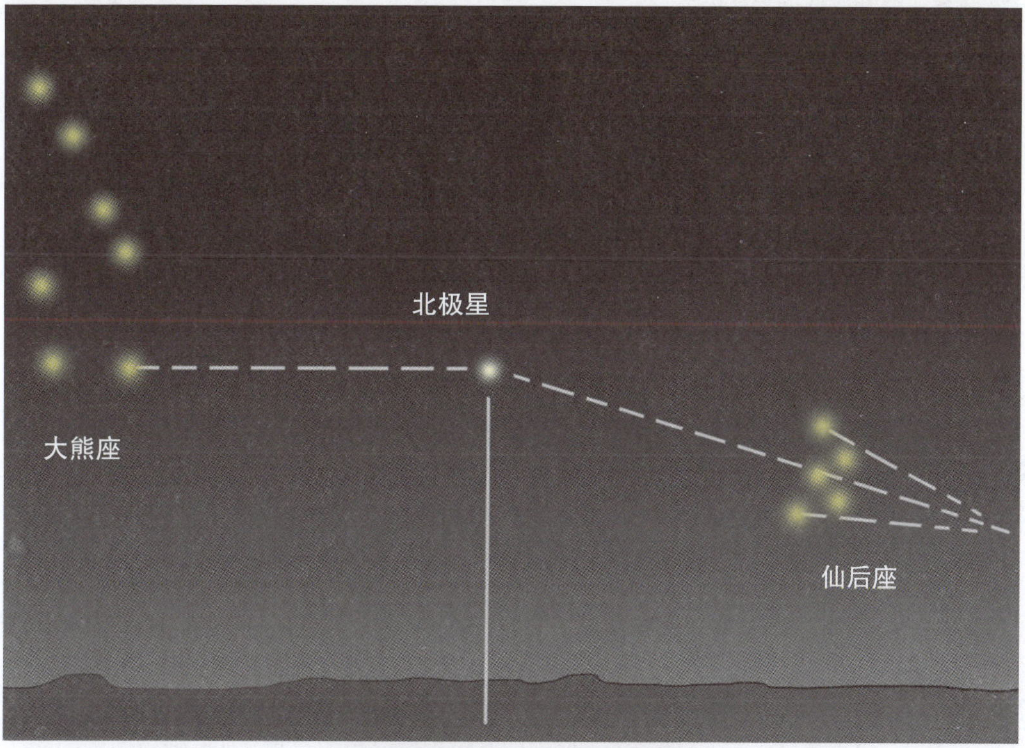


## 利用南十字座辨别方向

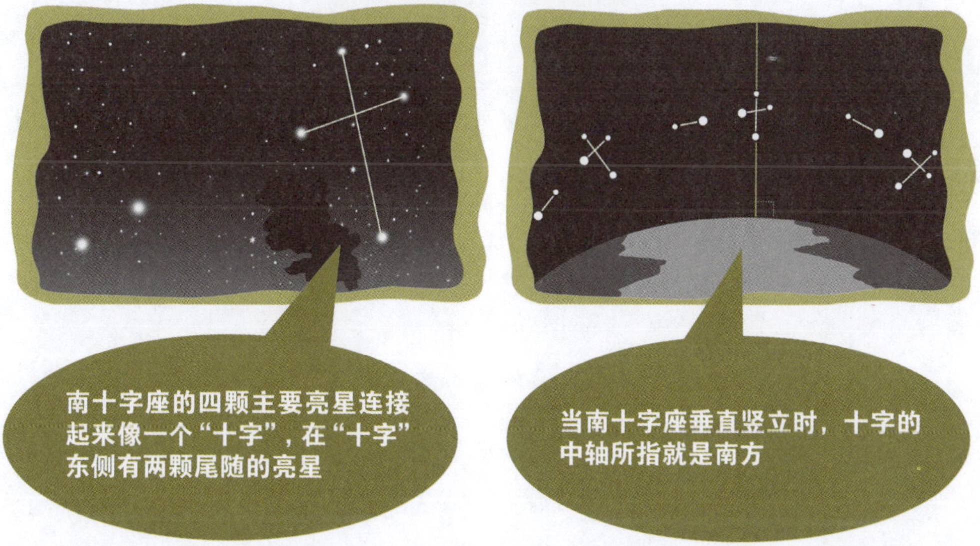

# No.075 利用自然特征辨别方向

通过日月星辰辨别方向，很大程度上都要受到天气的制约，因此求生者还应掌握其他辨别方向的方法。



### 能够指示方向的自然物一定要谨慎使用并且反复确认

如果因为天气的原因，求生者无法看到日月星辰，那该如何辨别方向呢？不用担心，大自然中的其他动植物也能帮我们指示方向。许多动植物的生长特性、生活习性都与太阳息息相关，因此，求生者可以借助这些特点判断方向。

树木：正常情况下，树木向阳的一侧枝叶更加茂密。北半球茂密的一侧为南方，南半球则为北方。

针叶树木、柳树：这类树木通常会向朝阳的一侧倾斜。

树干的截面：树木的年轮也与方向息息相关，向阳一侧的年轮纹路比较稀疏，年轮之间的间距较宽。

苔藓：苔藓植物喜欢阴暗潮湿的环境，一般生长在裸露的石壁、树木的背阴面。

树皮：一般树皮的向阳面较光滑，背阴面比较粗糙，有的树在其北面树皮上有许多裂纹及疙瘩，这种现象在白桦树上尤为明显。

鸟巢：鸟类通常会选择在树木的背风处筑巢，求生者可以通过盛行风的风向辨别方向。

松柏类及杉树：这类树木的树干上流出的胶脂也可以帮助辨别方向，通常向阳面要比背阴面的更多并且容易结成较大的块。

植物果实：许多果树向阳面结的较多，尤其以苹果、红枣、柿子、柑橘等比较明显，果实成熟的时候也是向阳一面更先变色。

利用各种自然特征判断方向，无法像日月星辰那么准确，因此一定要谨慎使用并且反复确认。

## 自然特征

# No.076 求救信号

发送求救信号是求生者能否获得救援的重要前提，因此，最好找到一种行之有效的发送求救信号的方式。

### 无线电设备、信号弹是最为有效的求救装置

许多求生者在进行野外活动之前，都会准备好相应的求救装置，以备不时之需。在各种求救装置中，无线电设备、信号弹是最受欢迎也是最为有效的。通常求生者可以根据自己的条件，选择以下几种装置，用来发送求救信号。

无线电收发器：能够传送、接收信号或者声音。如果求生者手上有一台无线电收发器或者其他无线电设备，并且能够和外界联系的话，获得救援将非常容易。

手持信号弹：日用的信号弹会产生颜色鲜艳的烟雾，夜用的信号弹则会发出强烈的光亮，从很远处就能看到。

手持发射信号弹：是一种可以发射出去的手持信号弹，能够克服求生者所处地形或者天气的限制，更为有效地发出信号。

曳光弹：曳光弹是一种尾部装有能发光的化学药剂的炮弹或枪弹，发射后发出红、黄或白色的光。因此也可以用来发送求救信号。

海水染色剂：如果被困在海上的话，可以在白天使用海水染色剂来标识自己的位置。除非波涛汹涌，染色区域在3个小时之内都会非常明显。染色剂还可用于雪地，用它渲染求救代码字母也非常有效。

哨子：在短距离求救时，哨子是一种非常实用并且行之有效的求救装置。

手电筒：利用手电筒或者其他发光装置制造闪光，是许多求生者最常用的求救方式之一。

## 求救装置

### 无线电装置

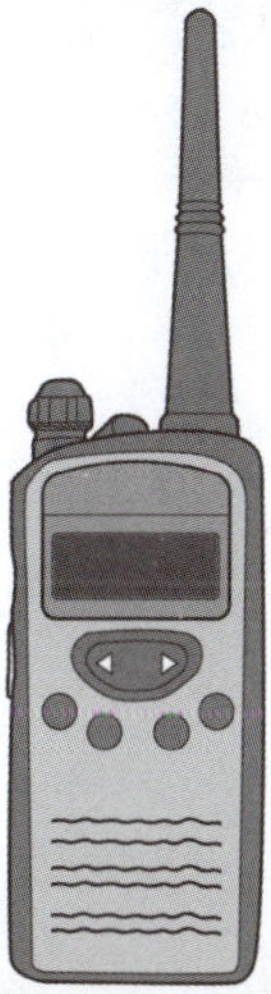

无线电对讲机在短距离的效果很好，在许多手机无法接收信号的区域能够正常使用

### 哨子

轻巧便携的哨子是短距离最实用的求生装置之一

### 信号弹

# No.077 烟火信号

**利用烟火发出求救信号是非常有效的，遇险时可根据实际情况，燃烧树枝、苔藓等发送信号。**

## 浓烟

浓烟在白天十分醒目，从很远的距离都能看到。因此，求生者在白天可以选择比较开阔的地带引燃各种可燃物发出求救信号。选择可燃物时，最好参考当地的地形背景，尽量发出更为显眼的浓烟。比如燃烧青嫩的树枝树叶、苔藓等会产生白烟；而燃烧橡胶或者浸油的布料产生的是黑烟。

若是想持续地产生浓烟，可以搭建金字塔形火堆（见第四章），以青嫩的树枝搭成这种火堆，能够保证火堆持续燃烧，长时间发出浓烟。在雪地或者冰原上，要注意将火堆架高，避免直接在湿地上生火，以免积雪的湿气影响火势。

## 火

明亮的火光在夜间十分显眼，可以有效地发出求救信号。求生者可以在夜间搭建旺盛的火堆，以此吸引救援人员的注意。如果比较紧急，也可以直接点燃树木。树脂含量比较高的树木可以直接点燃，其他树木中湿气很重，需要借助干燥的树枝枯草才能引燃。

**为了避免引起森林大火，一定要选择和其他树木植物之间有相当距离的树。否则一旦刮起大风，很容易引燃周围的树木，酿成巨大的灾难。**

# 利用烟火发出信号

燃烧青嫩的树枝树叶或者苔藓等释放浓烟
搭建金字塔形火堆，利用火光发出求救信号
情况紧急时，可以点燃树木，吸引救援人员注意

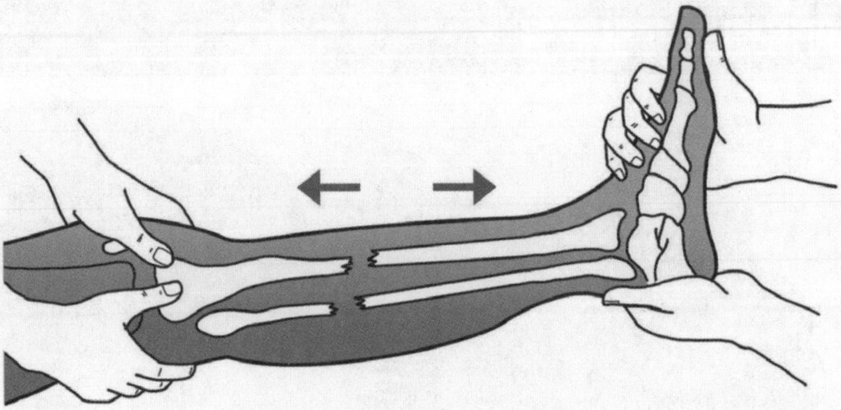

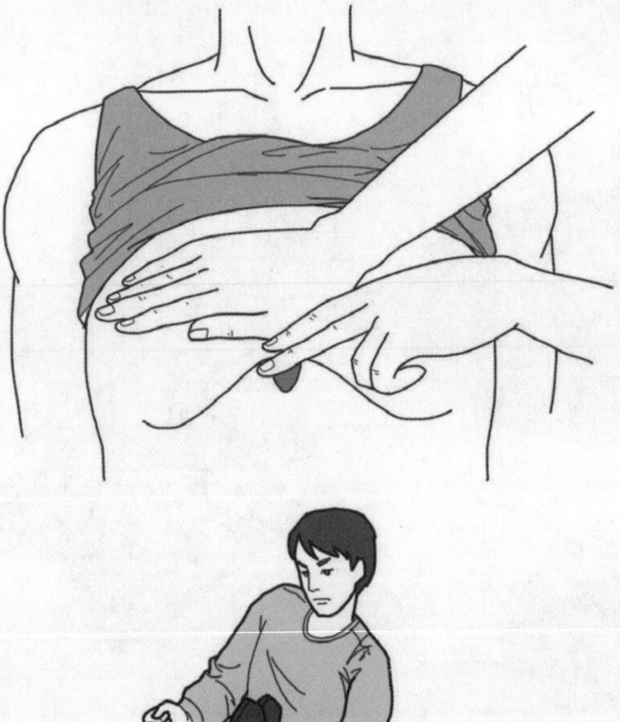

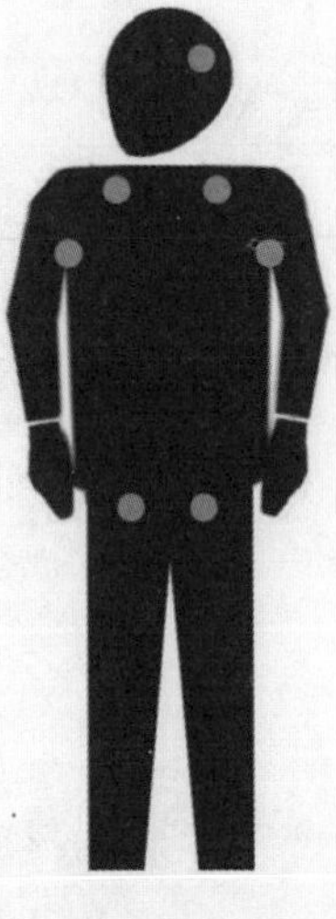

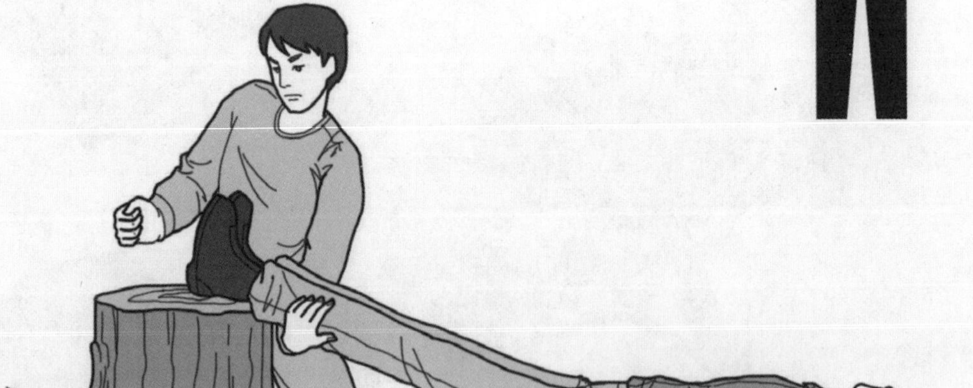

# 第九章
# 野外急救

# No.078 野外急救的步骤

求生者遇到危险以后不仅要依靠救援人员，自己也需要掌握相当的自救和急救技能。

**不能立刻移动伤患，要先进行初步检查，脊椎受伤的千万别挪动**

虽然野外急救的步骤并不复杂，但是对求生者本身所具备的急救知识要求很高，只有具备完整的急救技能并且在需要急救的时候果断地施行，才能起到事半功倍的效果。无论发生何种意外，即使同行中有多人受伤，求生者在靠近伤患者之前也一定要检查好自身周围的环境，注意是否有其他可能潜在的危险。到达伤患者身旁之后不能立刻移动对方，除非存在立即性危险，否则在移动之前要先进行初步检查。

伤患者如果尚能呼吸，要确认其口中是否有异物、呕吐物等可能妨碍呼吸的物体，接着处理大量出血的伤口，然后将其置为复苏姿势：如果伤患者此时仰卧，需要抓住其臀部衣物轻轻将其推成侧躺的姿势；采用这种姿势可以避免呕吐物堵塞气管或者进入肺部，同时防止伤患者舌头后缩阻塞呼吸道。

在对伤患者做任何处理之前，一定要检查清楚其伤势。若是伤患者脊椎受伤，千万不可挪动伤患者并将其置为复苏姿势，这样有可能会造成其终身瘫痪甚至死亡。

若是伤患者已经不能呼吸或者没有心跳，要立即通过心肺复苏术进行抢救（后文中我们会详细介绍如何采取行动帮助其恢复心跳和呼吸）。

**英国空军特勤队的急救步骤**

英国空军特勤队制定了一套用于紧急情况下救治伤患者的急救准则，野外施救时严格遵循此准则才能更好地实现急救效果：

- 恢复并维持呼吸和心跳；
- 止血；
- 包扎伤口；
- 固定骨折部位；
- 处理休克。

## 绷带包扎

**控制住伤口的出血以后，可覆盖干净的绷带、纱布加以包扎**

1

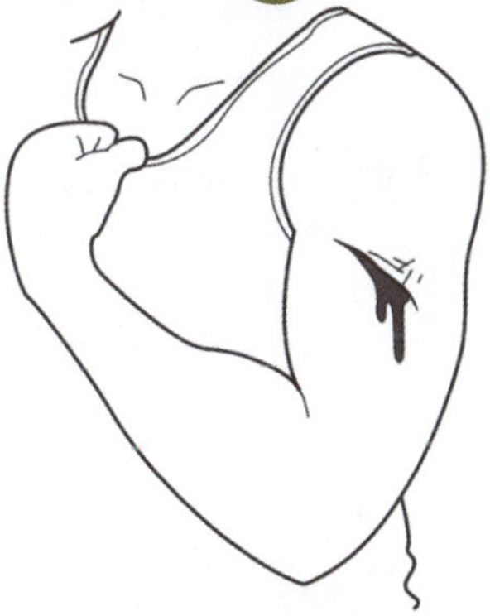

伤口

2

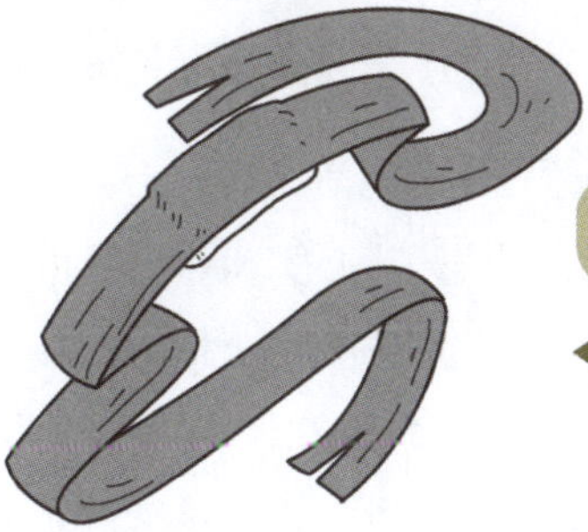

绷带

3

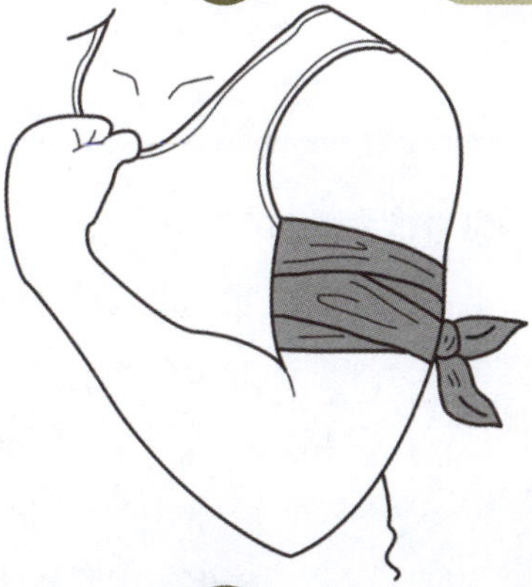

伤口较小的话，直接用绷带包扎即可

4

若是无法止血，则稍微绑紧一些

5

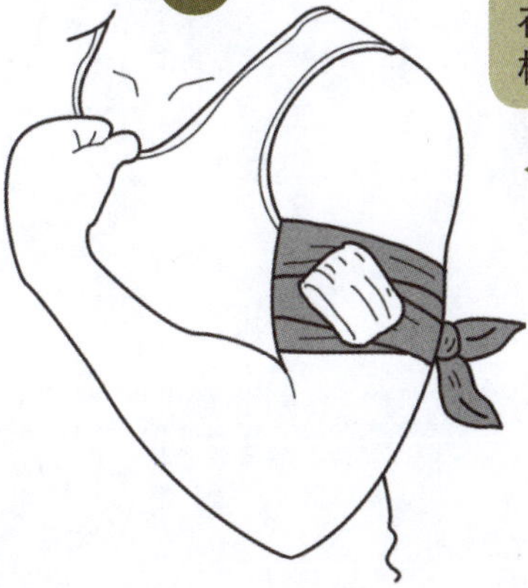

在伤口处加敷棉垫

6

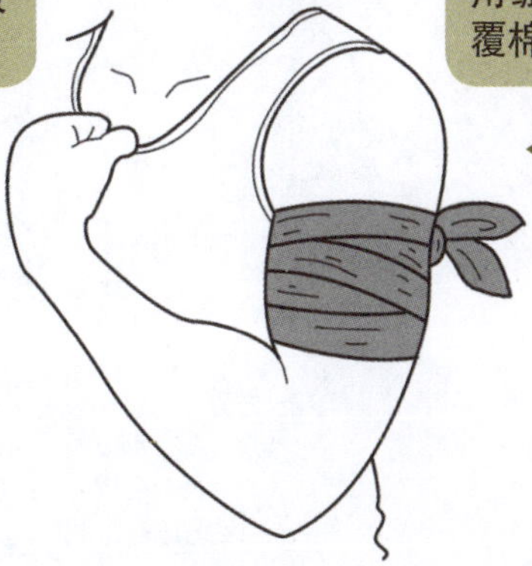

用绷带继续包覆棉垫

# No.079 维持伤患者呼吸

无论受了多么严重的伤，维持呼吸是挽救伤患者生命的首要前提。

### 口对口（鼻）人工呼吸，以伤患者的胸廓稍微隆起为最合适

常常进行野外求生活动的人士通常都会接受心脏复苏术、维持呼吸道通畅的护理措施等相关训练。因为一旦心跳和呼吸停止，伤患者随时都可能有生命危险。

医学上将心跳和呼吸停止称为“临床死亡”，在这之后的 5~8 分钟，称为“临床死亡期”。此时人体生命活动已经消失，但体内组织仍在进行微弱的代谢，脑中枢功能受到影响，但是尚未进入不可逆转的状态，处于临床死亡期的伤患者是可能复苏的。

如果发现伤患者停止呼吸，需要立即采取行动帮助其恢复呼吸，最常用的方法是口对口（鼻）人工呼吸。此法操作简便，气体的交换量大，效果很好。操作方法：

• 将伤患者置为仰卧，使其胸腹朝上；

• 清理其呼吸道，保持呼吸道清洁；

• 使伤患者头部尽量后仰，以保持呼吸道畅通；

• 救治者站在其头部的一侧，自己深吸一口气，对着伤患者的口腔将气吹入，此时伤患者呈吸气状态。为防止空气从鼻孔漏出，可用一手将其鼻孔捏住。完成吹气以后，将捏住的鼻孔放开，并用一手压其胸部，以帮助呼气。如此反复，每分钟进行 14~16 次。

如果病人口腔有严重外伤或牙关紧闭时，可对其鼻孔吹气（必须堵住口）即为“口对鼻人工呼吸”。

救治者吹气力量的大小，依病人的具体情况而定。一般以吹进气后，病人的胸廓稍微隆起为最合适。

## 检查伤患者的呼吸道

**要确保伤患者的呼吸道畅通，才能进行下一步急救**

# No.080 心肺复苏术

一旦心脏停止跳动不能及时抢救复苏的话，4 ~ 6 分钟便会造成伤患者脑和其他人体重要器官组织不可逆转的损害。

## 按压频率成人为每分钟约 100 次，儿童约 120 次

当发现伤患者心脏停止跳动时，应立刻施行心肺复苏术急救。此时不仅需要进行人工呼吸，还要对其进行胸外按压，促使心脏将血液输送到身体各个部位，帮助伤患者恢复心跳。

首先将伤患者仰卧置于硬板或者地面，以食指和中指沿着伤患的肋骨边缘向上找到胸腔下部中央位置的心窝处；然后将一手食指放于此处，向上量两指宽的距离，即胸骨下端约 1/3 处，将另一手掌根部按在此处。测量时务必尽量保持准确，手掌根部应位于伤患者心脏的上方，按压部位不宜过低，以免损伤肝、胃等内脏。

在抢救过程中，救治者应位于病人右侧，以左手掌根部置于病人胸前胸骨下段，右手掌压在左手背上，两手的手指翘起不接触病人的胸壁，伸直双臂，肘关节不弯曲，用双肩向下压而形成压力，将胸骨下压 3~4 厘米 ( 儿童为 1~2 厘米 )。按压过程中保持动作流畅、有力及稳定的频率，为成人按压时频率为每分钟约 100 次，儿童则需要约 120 次。为了保证固定的按压频率，在进行胸外按压的同时最好大声报数：“一下、两下、三下……”

注意压力要均匀，抬手放松要快，下压和放松时间相等或下压稍长于放松时间。压力不能过大，以防止压断伤患肋骨。同时要注意检查心脏按摩是否有效，可触摸股动脉或颈动脉在按摩时有无搏动出现。即使伤患并没有恢复生命的迹象，救治者也不能放弃，应持续施行胸外按压 1 小时，若是身边有其他人，可以轮流进行。

# 胸外按压

**当发现伤患者心脏停止跳动时，应立刻施行心肺复苏术急救**

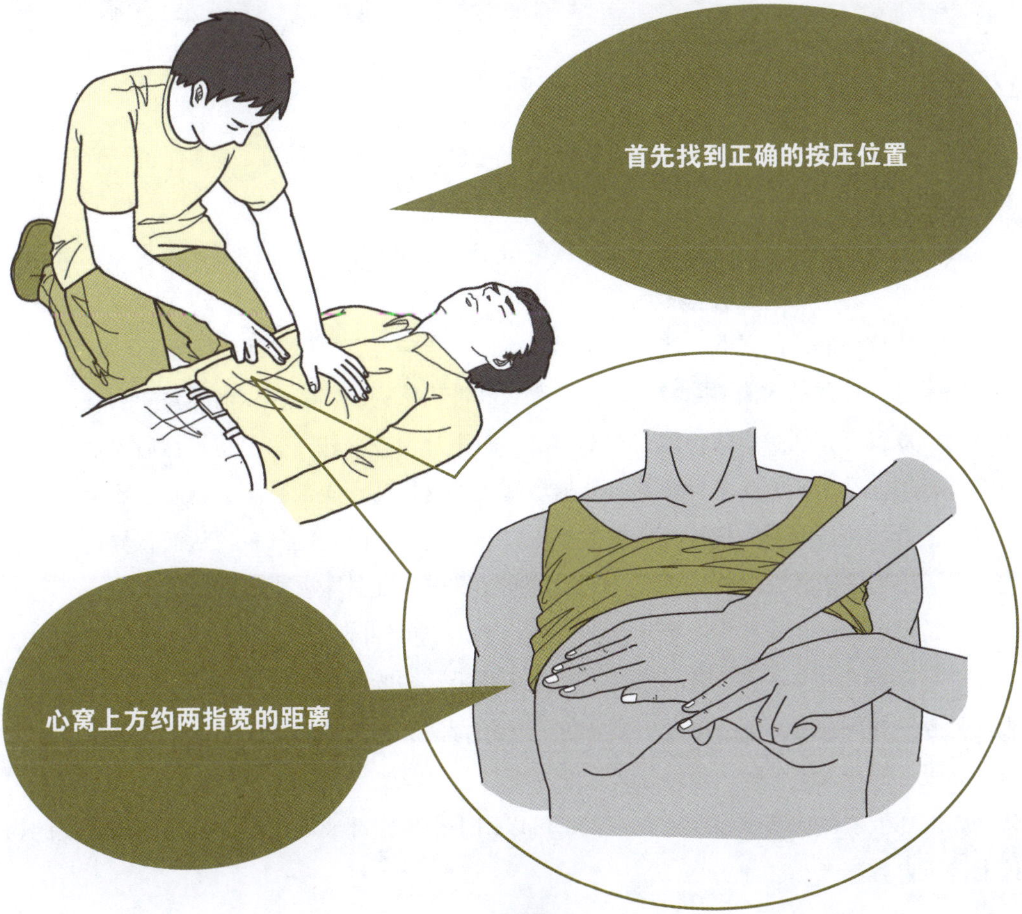


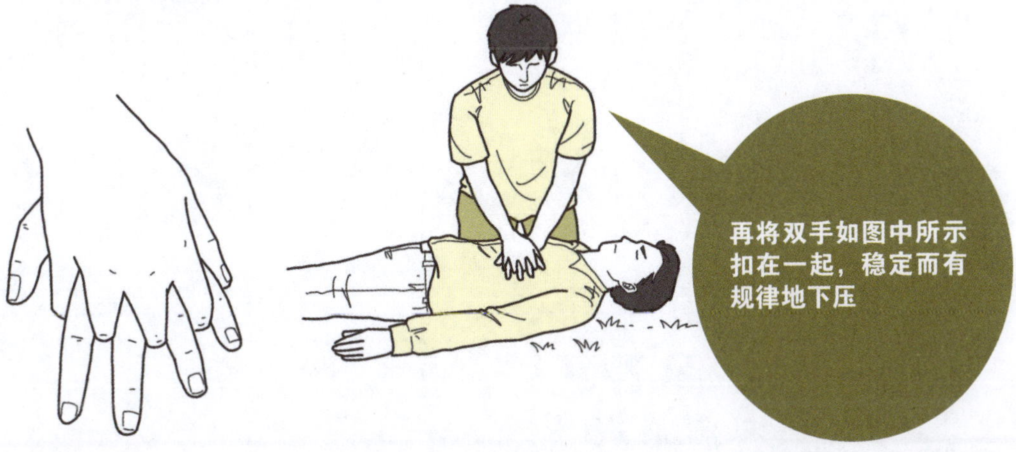

# No.081 急性呼吸道堵塞的急救方法

急性呼吸道堵塞是伤患者突然受伤或者患病导致异物入侵呼吸道，若不及时清理，可能致病人因缺氧而意外死亡。

### 拍背法与腹部冲击法

急性呼吸道堵塞通常表现为以下几种特征：突然发作、呼吸困难、表情痛苦、不能言语、颜面青紫、捂住喉咙……

急救的首要步骤是用食指深入伤患者的口中先清除异物，同时确定伤患舌头没有回缩堵塞呼吸道；然后让伤患者弯腰或者趴在树桩等物上，保持头低于胸，以手掌根部在其背上用力、快速地捶击四五下，捶击时要准确地打在脊椎与肩胛骨之间的位置。

如果这种拍背法无法清除异物，可采用腹部冲击法：救治者应以前腿弓、后腿蹬的姿势站稳，双臂环扣伤患者的身体，左手握拳，右手从前方握住左手手腕，然后突然用力收紧双臂，用左拳拇指处由患者腹部向上猛烈施压，这样由于腹部下陷，腹腔内容上移，迫使膈肌上升而挤压肺及支气管，每次冲击可以为气道提供一定的气量，从而将异物从气管内冲出。施压完毕后立即放松手臂，然后再重复操作，直到异物被排出。

若是伤患者已经昏迷，应将其置于侧卧状态，避免仰卧，然后以拍背法和腹部冲击法交替进行，各重复 4~5 次；若伤患者已经停止呼吸，则要快速进行 4~5 次人工呼吸以后检查其胸腔。如果其肺部没有鼓起，则重复施行拍背法、腹部冲击法、伸手入口清除异物、检查呼吸、快速人工呼吸；若是脉搏已经停止，应立即施行心肺复苏术。

如果呼吸道被堵塞时你是独自一人，可以用手推压腹部或者用腹部抵在树桩之类的物体上挤压自救。

## 拍背法

**有人被异物堵塞呼吸道时的急救方法，若没有效果应换为腹部冲击法**

### 腹部冲击法

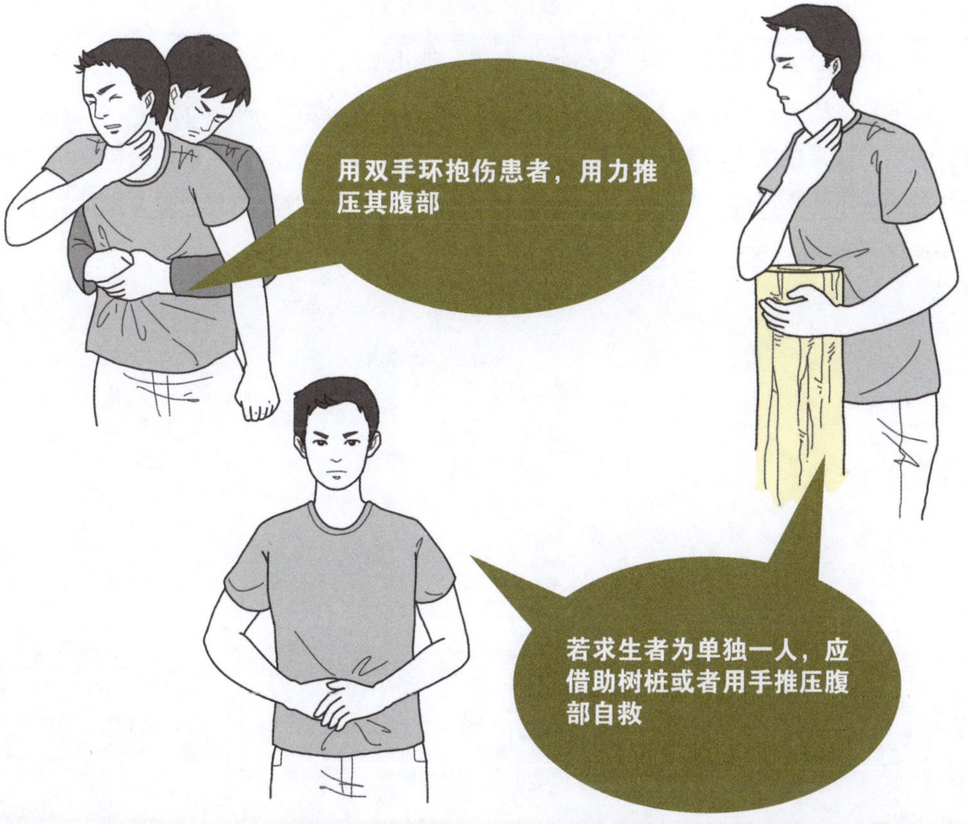

# No.082 出血的急救方法

求生者在野外很容易因为各种意外受伤出血，若是不及时止血，很可能会失血过多导致休克甚至死亡。



## 几种最常用的止血方法

野外求生时很容易遇到危险，常常会造成皮肤擦伤、撕裂伤、刺伤、异物插入、骨折等。因此，求生者必须事先学会如何止血、处理伤口。出血量与出血速度因损伤程度的不同而异，所以采用的止血方法也不同。常用的止血方法有压迫止血法、填塞止血法、止血带止血法等。

压迫止血法是按压伤口附近的动脉，使血管闭塞，血流中断而达到止血目的。这是一种快速、有效的首选止血方法。止住血后，应根据具体情况换用其他有效的止血方法，如填塞止血法、止血带止血法等。

填塞止血法用无菌的棉垫、纱布等，紧紧填塞在伤口内，再用绷带或三角巾等进行加压包扎，松紧程度以能够止血为宜。大、中静脉损伤出血，或伤口较深、出血严重时，填塞止血法能够很大程度上避免失血过多。

止血带止血法是当四肢等较大动脉出血，其他止血法无法生效时使用的最后手段。使用止血带止血法时，只能将止血带绑在上臂或大腿上部，缠绕伤肢以后打结。

**使用止血带止血法时要特别注意：一旦切断新鲜血液的供应，末端的身体组织就会开始坏死，一不小心可能引起肢体缺血、坏死，以及急性肾功能衰竭等严重并发症。因此每隔 10~15 分钟就要放松止血带让血液流通。**

## 压迫止血法

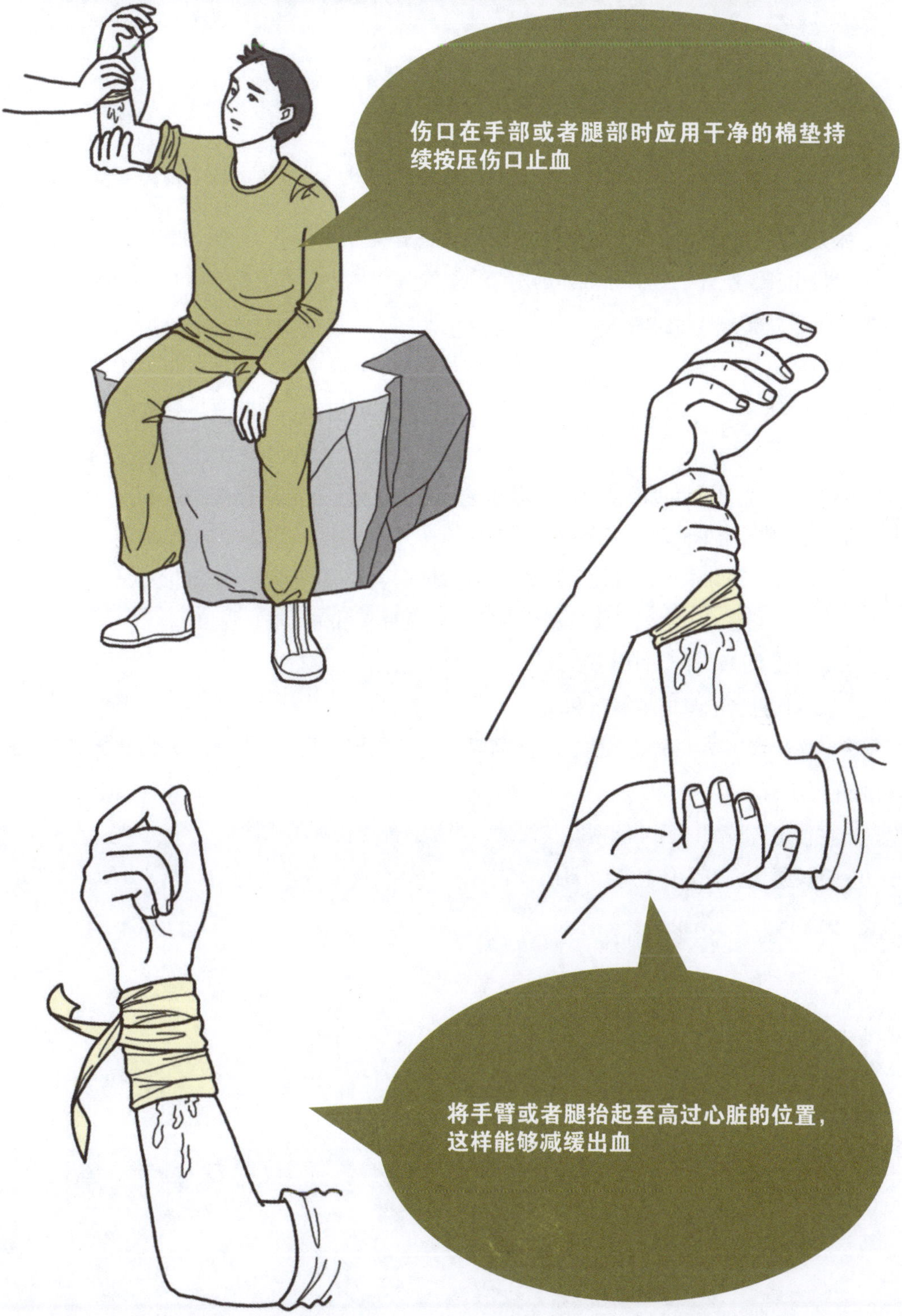

# No.083 休克的急救处理

如果求生者受伤以后出血不止，可能会引起休克。

## 休克的急救要领

休克是因为伤患者体内流动的血液突然大量减少而引起的，可能会由于伤口大量出血或者大量出汗、呕吐、腹泻导致体内水分大量流失而休克，常见的症状是皮肤惨白、脉搏加速、呼吸微弱并且时快时慢。

救治休克的伤患者时要先确认其呼吸道是否畅通，接着检查是否骨折，还要注意帮其取暖，保持体温。草率地挪动休克的伤患会带来严重的后果，因此应尽量留在原地。

**休克若是处理不当可能会致命，因此建议求生者学习专业的救治方法。**

以下是美国陆军针对休克急救处理的要领：

- 伤患者若还有意识，可让其平躺并将腿部撑起 15~20 厘米；
- 伤患者若是失去意识可将其置为侧躺，以免舌头后缩阻塞呼吸道；
- 切勿任意挪动休克的伤患者；
- 保持伤患者的身体足够暖和；
- 在伤患身下垫上衣服、树枝等物品隔绝其身体与地面直接接触，并搭建能够遮风挡雨的庇身所；
- 在伤患者清醒以后才能帮助其饮食，若是腹部受伤则不能饮食；
- 至少要让伤患者休息 24 小时。

## 休克急救处理要领

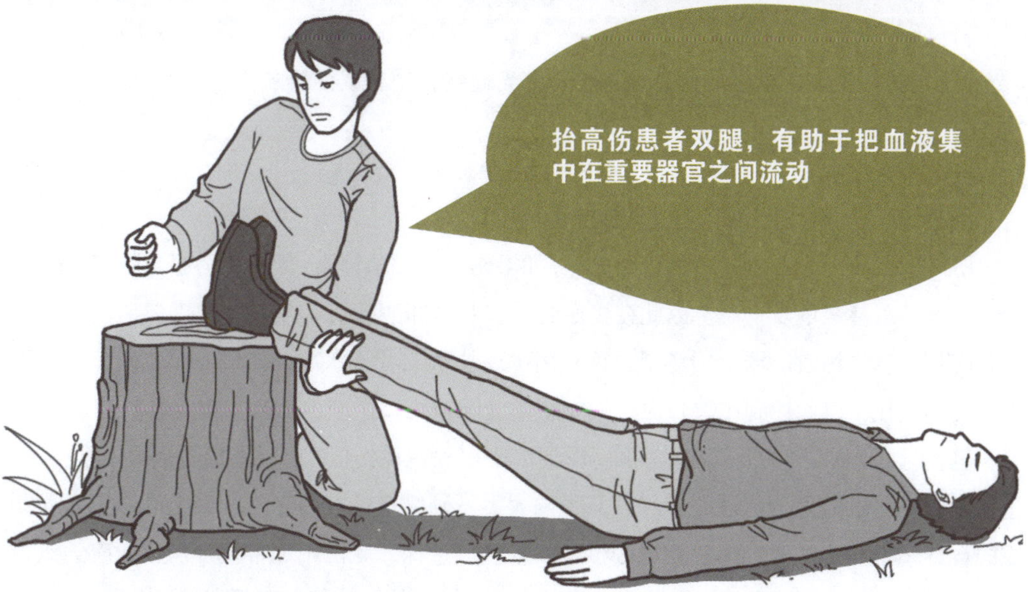
抬高伤患者双腿，有助于把血液集中在重要器官之间流动

在伤患者身下垫上衣服、树枝等物品，隔绝其身体与地面的直接接触，使伤患者的身体足够暖和

# No.084 处理伤口

在野外环境中受伤以后，如果伤口毫无遮护，很容易沾染灰尘或者感染病菌。

## 包扎缝合伤口后，一般 7~10 天左右就能愈合

伤口是细菌侵入人体的主要途径之一，如果伤口被细菌污染，就可能引起化脓、破伤风、气性坏疽等，甚至危及生命。因此在止血之后需要立即清理伤口并进行包扎。

这时，急救箱就能派上用场了。首先用生理盐水或者清水冲洗伤口，接着用绷带或者纱布及时包扎，以便达到压迫止血、减少感染、保护伤口、减少疼痛、固定敷药的效果。

包扎时，动作要轻巧、迅速、准确，既要严密牢固包住伤口，也要保持适宜的松紧程度。包扎伤口的绷带通常分为硬绷带和软绷带两大类。硬绷带是在布制的绷带上洒以石膏粉制成的石膏绷带，急救时大多使用软绷带。如果伤口过深，无法用绷带拉合伤口，应尝试自行缝合，缝合时需要缝合针、镊子等工具。缝每一针时都要从伤口底部穿过以免留下空隙，而且伤口两侧应穿过足够的皮肉，使伤口两侧对齐，缝好以后打方结收尾固定（打结方法见第六章）。

缝合好伤口以后，可用纱布或者绷带简单包扎。条件允许的话，在安全返回以后应立即就医，由医生进一步处理。一般伤口经过 1 周 ~10 天左右就能愈合，之后需要拆掉缝合线。求生者可视情况请医生拆线或者自行用剪刀剪开缝合线，然后用镊钳夹住线头稳稳地将线拉出。

**纱布的卫生**

用过的纱布细菌很多，通常绝对不能回收再利用。但是在野外求生时，由于条件限制，有时不得不多次使用。务必要将纱布彻底洗干净以后置于沸水中煮 15 分钟以上才能再次使用。

# 缝合伤口

**通常不建议未受过专业医疗训练的人自行缝合伤口，但是如果万不得已，这也是唯一的选择**

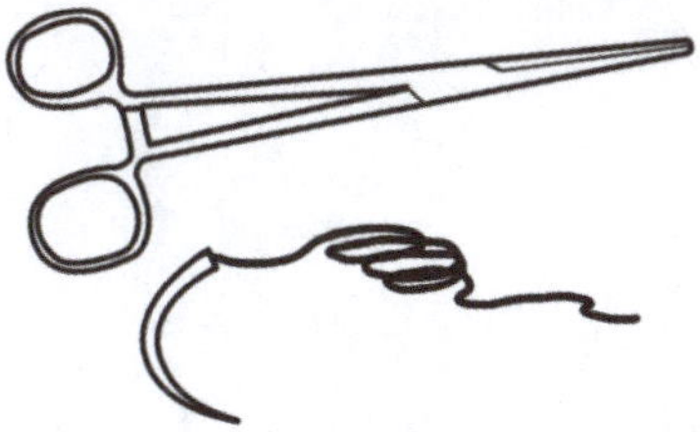

1 消毒针线

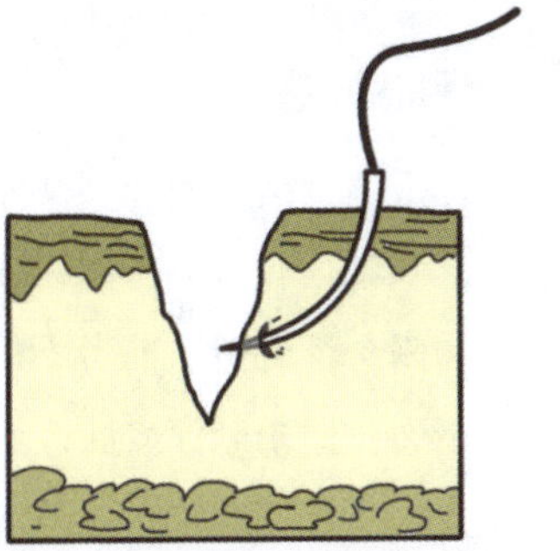

2 先缝合伤口中央处

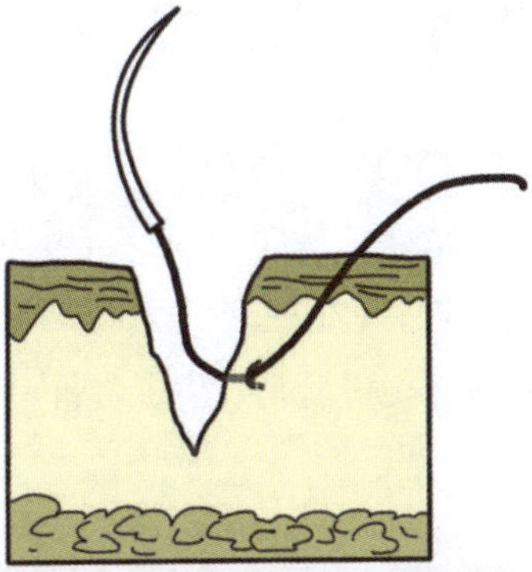

3 将缝合线穿出以后

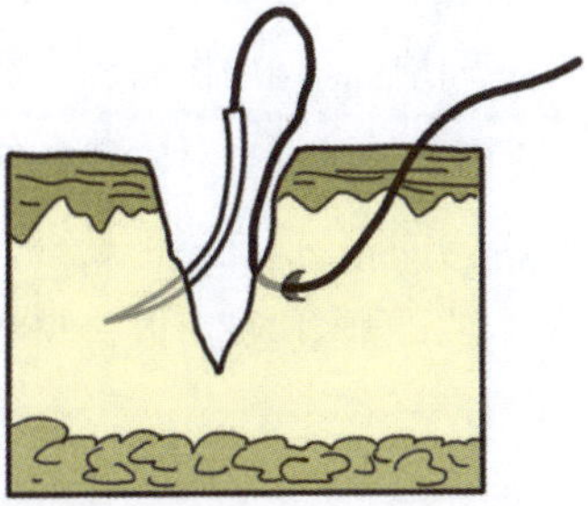

4 再穿入另一侧

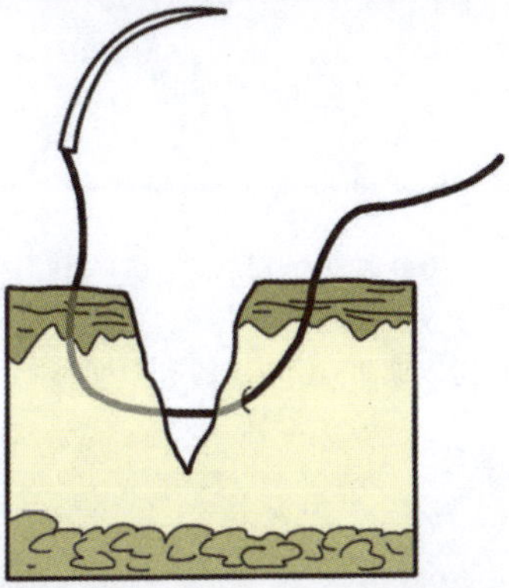

5 利用缝合线拉合伤口

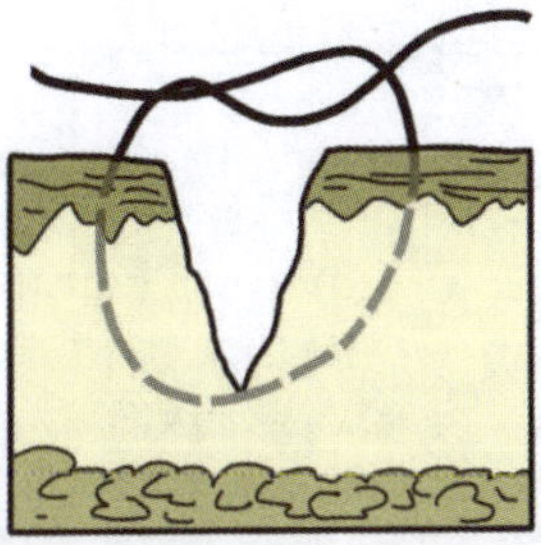

6 重复同样的步骤，缝合伤口

# No.085 如何判断是否发生骨折

骨折是野外求生时较为严重的一种突发性损伤，一旦从高空坠落或者被高空坠物砸伤，都可能出现骨折。

## 骨折的症状

骨折是骨结构的连续性完全或部分发生断裂。在野外求生时，由于环境恶劣、地形复杂，求生者很有可能会因为踩空或者被重物砸到，引起或轻或重的骨折。骨折分为开放性骨折和闭合性骨折。前者不仅骨头断裂，断裂的骨头还会刺穿皮肤，伤及肌肉；后者虽然骨头断裂，但未刺穿皮肤，通常不伴随流血。

无论是开放性骨折还是闭合性骨折，除了骨头本身折断之外，都会连带损伤到周围的肌肉、血管、神经等组织。如果现场处理不及时或者方法不当，不仅增加伤患的痛苦，还有可能导致残疾或死亡。因此，求生者具备识别、处理骨折的常识和技能的话，无论对自己还是对同伴都是非常有益的。

受伤后，如果伤患者表现出局部疼痛，活动受限，但将伤处固定并使之制动后或安静时疼痛减轻；检查时发现伤处局部肿胀、畸形甚至缩短，成角或旋转；轻轻挤压伤处或检查时，出现骨擦音（不是每一种骨折在检查时都可听到骨擦音，检查骨擦音可能造成进一步的损伤和疼痛，所以，非专业人员最好不要做），则应怀疑可能是发生了骨折。

### 美国陆军特种部队“绿色贝雷帽”总结的骨折的症状与特征

美国“绿色贝雷帽”特种部队是野外的急救专家，求生者可以借助他们总结的诀窍判断是否骨折。

- 感觉或者听到骨头断裂；
- 伤处部分或者完全无法移动；
- 移动时会有断骨摩擦的声音；
- 伤处变形或者不正常移动；
- 肌肉痉挛。

# 手脚骨折

**如果是没有外伤的闭合性骨折，只需要处理骨折处即可；若是开放性骨折，就要同时处理伤口和骨折**

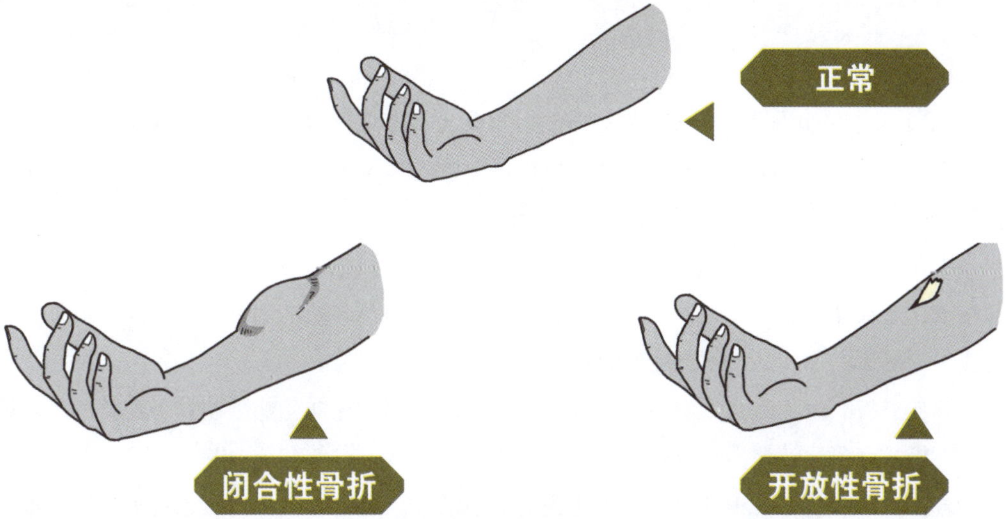


## 接合断腿

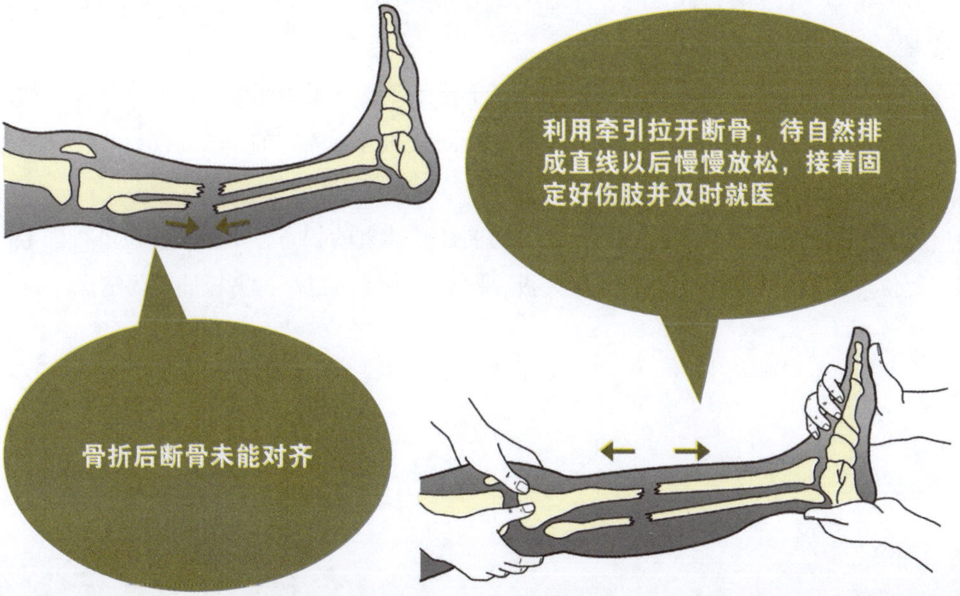


骨折以后可利用牵引的方式对齐断骨并恢复伤肢的血液循环，牵引时一定要十分小心，避免伤处恶化

# No.086 骨折的急救（一）

无论哪个部位骨折，如果不能及时救治的话，都可能造成非常严重的后果。



## 骨折急救的注意事项

野外求生时如果发生或怀疑发生骨折，现场人员首先要对伤者的受伤部位进行固定。可以用夹板或就地取材如木棍、竹片、树枝等对骨折部位固定。固定的目的是为了避免骨折处再次受损、减轻疼痛、减少出血、易于搬运。

用夹板固定之前，要先将夹板和身体接触的地方用棉花、布料等软物垫好，避免进一步压迫，造成摩擦损伤。尤为需要注意，四肢、躯干的凹凸处、因骨折造成的畸形处，一定要用足够厚的棉织品垫好才能避免再度损伤。

绑扎夹板时应将骨折处上下两个关节同时固定起来，这样才能限制骨折处的活动。所以，夹板长度要足够超出骨折处上下两个关节。

若是上肢骨折，夹板的长度要考虑到肘关节活动。前臂骨折固定时，将夹板置于前臂下方托住前臂固定，先绑扎骨折近端，再绑扎骨折远端。绑扎好后，用布条或者纱布将伤臂悬吊于颈部。上臂骨折固定时，将夹板放在伤肢外侧，先绑扎骨折处近端，再绑扎远端，然后绑在身体上固定。

若是大腿处骨折，夹板的长度应为从腋下至足跟，这是由于大腿的肌肉丰厚，如果仅仅固定髋及膝关节，难以固定牢固。小腿骨折同大腿骨折固定的方式相同，夹板长度应超过膝关节和踝关节。

膝关节骨折比较特殊，应按骨折时是弯曲还是伸直的状态，不改变体位进行固定，不牵引复位，将整个下肢一起固定，用夹板、枕头或未受伤腿作为夹板加以固定。

## 用夹板固定手臂与腿部

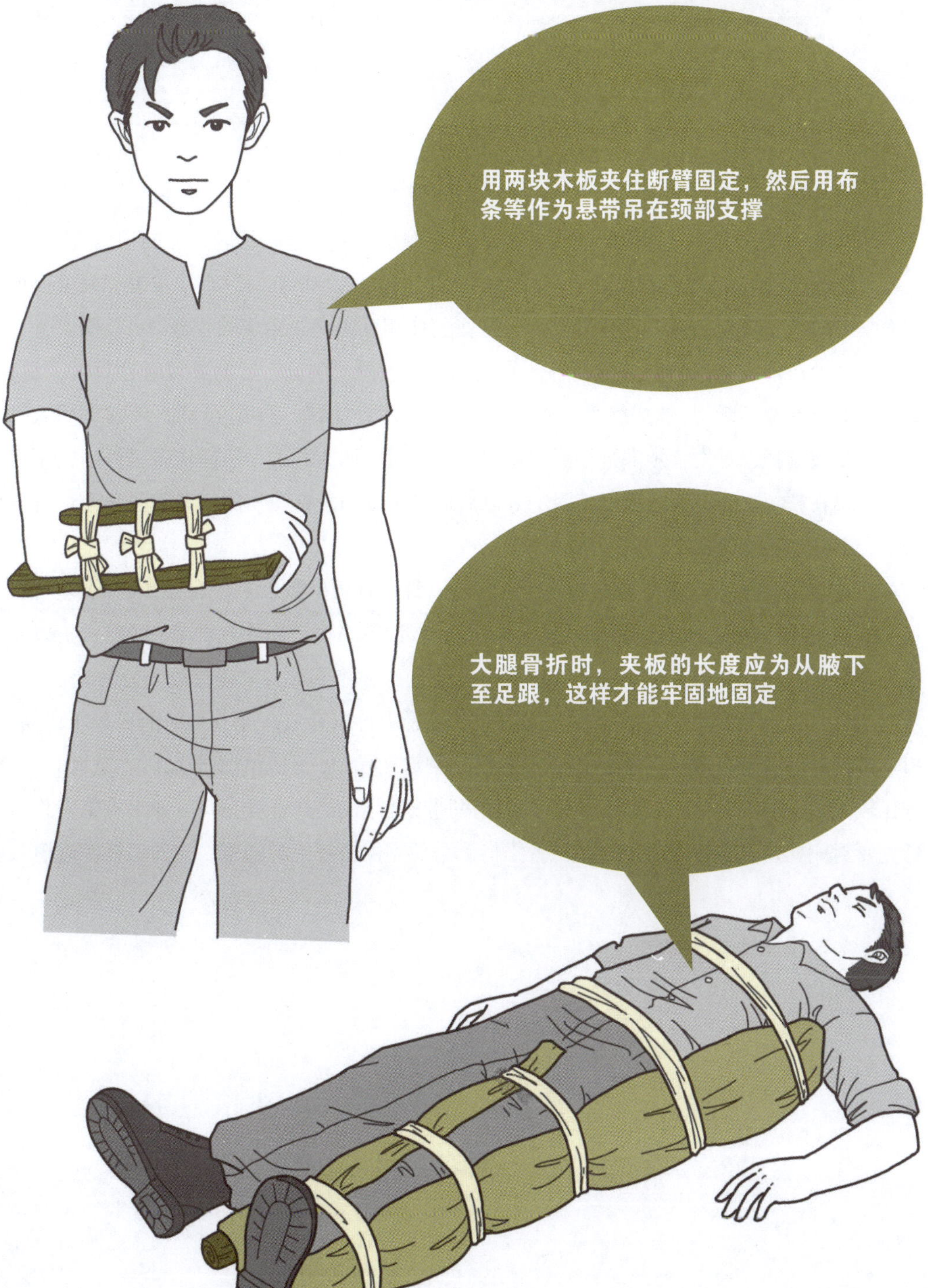
用两块木板夹住断臂固定，然后用布条等作为悬带吊在颈部支撑
大腿骨折时，夹板的长度应为从腋下至足跟，这样才能牢固地固定

# No.087 骨折的急救（二）

**在野外，一旦脚下踩空，就可能从高空坠落，坠落过程中身体各个部位会受到很强的冲击，由此引发骨折。**

1
2
3
4
5
6
7
8
9

### 挪动脊柱受伤的伤患时务必小心，谨防二次伤害

野外活动中，尤其是登山时，由于脚下踩空而从高处坠落是比较常见的损伤之一。高处坠落时，伤员的脚部、臀部先着地，冲击力会沿脊柱传导到颅脑而致脊柱骨折和颅脑损伤。仰面跌下时，脊柱受创易引起脊髓损伤。这些创伤相互影响，造成的生理紊乱十分严重。

从高处坠落或被从高空坠落的物体直接砸在头、颈、肩部，容易导致脊柱骨折。脊柱骨折可能导致脊髓断裂，造成终身瘫痪。怀疑伤者出现脊柱骨折的情况以后，要立即用衣物、毛巾等制成颈托，对伤者颈部进行固定。同时挪动时要四人合力，保证伤者脊柱轴向不变，将其安置在硬板上，再用布带将其固定好以后运送。挪动脊柱受伤的伤者时务必谨慎行事，否则会造成二次伤害。

高处坠落还可能造成骨盆骨折、颅骨骨折。骨盆骨折半数以上伴有合并症或多发伤，最严重的是创伤性失血休克及盆腔脏器合并伤，救治不当有很高的死亡率。颅骨骨折以后，伤患耳鼻中往往会渗出淡黄色液体，应尽量保持伤患静止不动，等待救援人员救治。

肋骨骨折也是常见的骨折，主要是因为受到暴力冲击造成，尤其胸廓前后挤压最易骨折。单纯性肋骨骨折，伤者表现为呼吸急促，胸部无伤口，但局部皮肤血肿。这种骨折处理比较简单，用棉织品垫在骨折伤痛处，再用绷带或者布条加压包扎即可。如果胸部有伤口，首先要封闭伤口，制止出血；并让伤者维持侧卧位，保持呼吸道通畅，立即送往医院急救。

## 稳定颈部

如果伤者颈部、脊柱受伤，尽量让其保持不动，并用毛巾、衣物等稳定其颈部

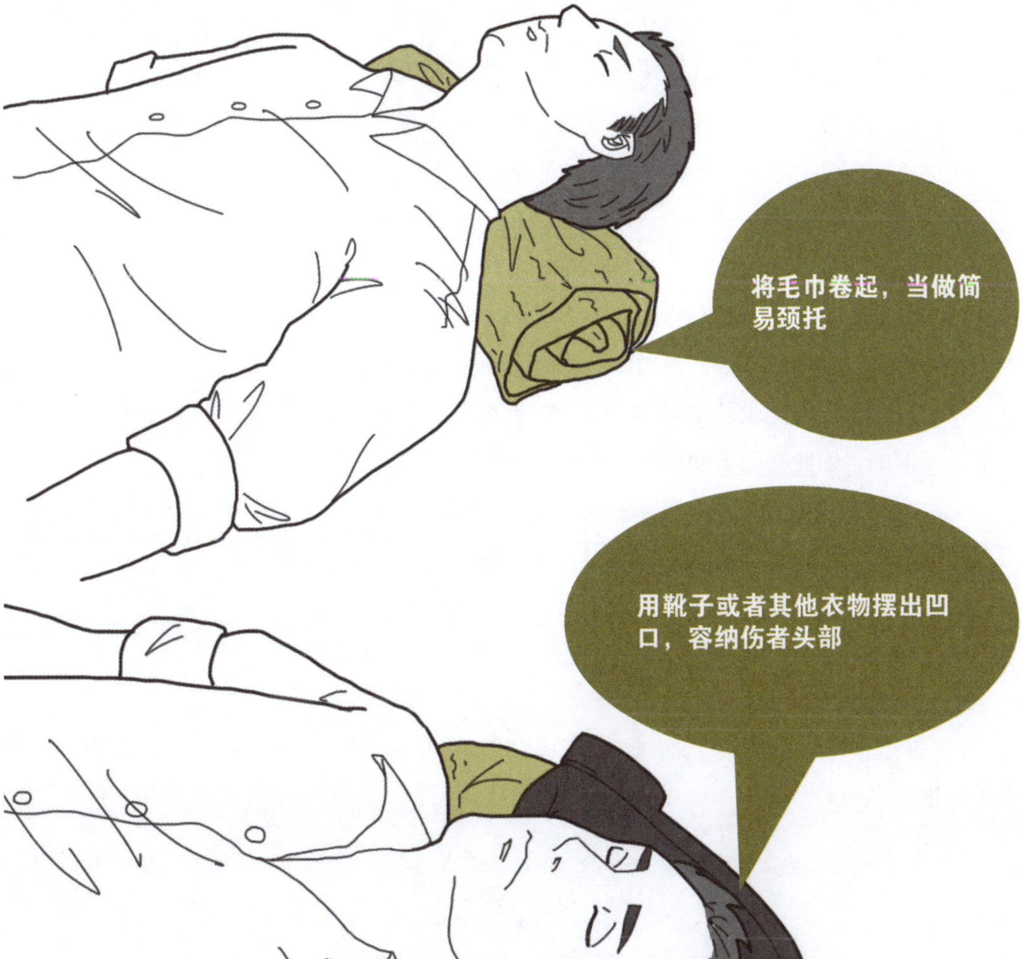

# No.088 拉伤、扭伤的急救

拉伤、扭伤在野外求生的过程中非常常见，求生者应该学会如何应对这些状况。

1
2
3
4
5
6
7
8
9

**拉伤、扭伤后可用冷敷法缓解疼痛，休息可促进痊愈**

野外活动中经常会受到拉伤、扭伤这些伤势的困扰。拉伤是肌肉过度伸展或者肌肉撕裂造成的；扭伤是关节处的肌肉、骨骼组织受到外力扭绞或者撕扯引起的。

拉伤和扭伤的处理比较简单，受伤后应用冷敷袋或者冷毛巾直接敷在伤处即可缓解疼痛。让扭伤、拉伤痊愈的最好方法就是休息，因此应尽量避免活动伤处。伤愈以后，要逐步加强伤处的重量训练及柔韧度的训练，尤其是柔韧度的训练。受伤后，伤处附近的肌腱及韧带的柔韧度会明显降低，而柔韧度降低会令该部位更容易受伤。

**许多求生者会在急救箱中带有药膏，然而由于目前市面上的大多数药膏的作用其实与热敷是相似的，因此在受伤初期的几天内，最好不要使用。**

英国空军特勤队的士兵常常要去执行徒步作战的任务，发生扭伤也比其他人更为频繁，因此他们熟知如何更加有效地治疗扭伤：

- 将扭伤处泡在冷水中消肿；
- 用绷带包扎伤处，对伤处进行固定支撑，要注意保持血液流通；
- 将伤处抬高并充分休息；
- 如果扭伤以后不得不走路的话，应该穿上靴子，靴子的束缚能够对伤处起到一定的保护效果。

## 治疗拉伤、扭伤的口诀

**治疗拉伤的几个要领可以浓缩归纳为 R.I.C.E.：休息（Rest）、冷敷（Icing）、加压固定（Compression）、抬高（Elevation）。**

# No.089 脱臼的急救

脱臼是由于跌倒、踩空或者关节突然受力而引起的关节移位。



**关节脱位及复位方法**

骨关节脱位，也叫“脱臼”，是指组成关节各骨的关节面失去正常的对合关系，导致关节的功能丧失。关节脱位以后，关节处严重肿胀，关节外部变形并出现剧烈疼痛，严重时伴有血管、神经损伤。

一旦关节脱位，要尽可能限制该关节的活动，以免加重伤势，并且及早复位。所谓“复位”，即用正确的手法将脱出的骨端送回原处，然后予以固定。复位手法要轻柔，禁用粗暴手法以免发生骨折或损伤神经、肌肉等。

以下是几种常见关节脱位的复位方法：

• 下颌关节脱位：救护者先将两手的大拇指包上纱布，放在伤者两侧下臼齿上，拇指压迫两侧臼齿，其余四指握下颌弓，提起下巴后上方轻推，大拇指从牙上滑出。若听到滑动声响，表示已复位。

• 肩关节脱位：肩关节脱位按肱骨头的位置分为前脱位和后脱位。前脱位时，救治人员一手握伤患腕部，使其屈肘到 90°，松弛肱二头肌，另一手握肘部，持续牵引，逐渐将上臂外旋，然后内收使肘部沿胸壁近中线，再内旋上臂，听到响声即表示复位成功；后脱位时，使肩半外展，屈肘，向外轻度旋肩，肘向前移，用手推肱骨头复位。

• 肘关节脱位：救治人员握住伤者前臂，慢慢牵引，保持牵引力，屈曲肘关节，恢复原来位置。

**如果求生者对骨骼组织不够熟悉，或者并未掌握正确的复位手法，最好不要轻易尝试复位，以免引起血管或神经的更大损伤。**

此时，应将脱臼的关节用绷带等固定好，送往医院处理。脱臼有可能伴随着骨折，遇到这种情况，应及早送往医院治疗。

## 关节复位后处理

**肘关节与肩关节脱位复位后应固定关节处，避免关节活动引起再次脱位；可利用三角巾或者布块固定手臂，减少活动**

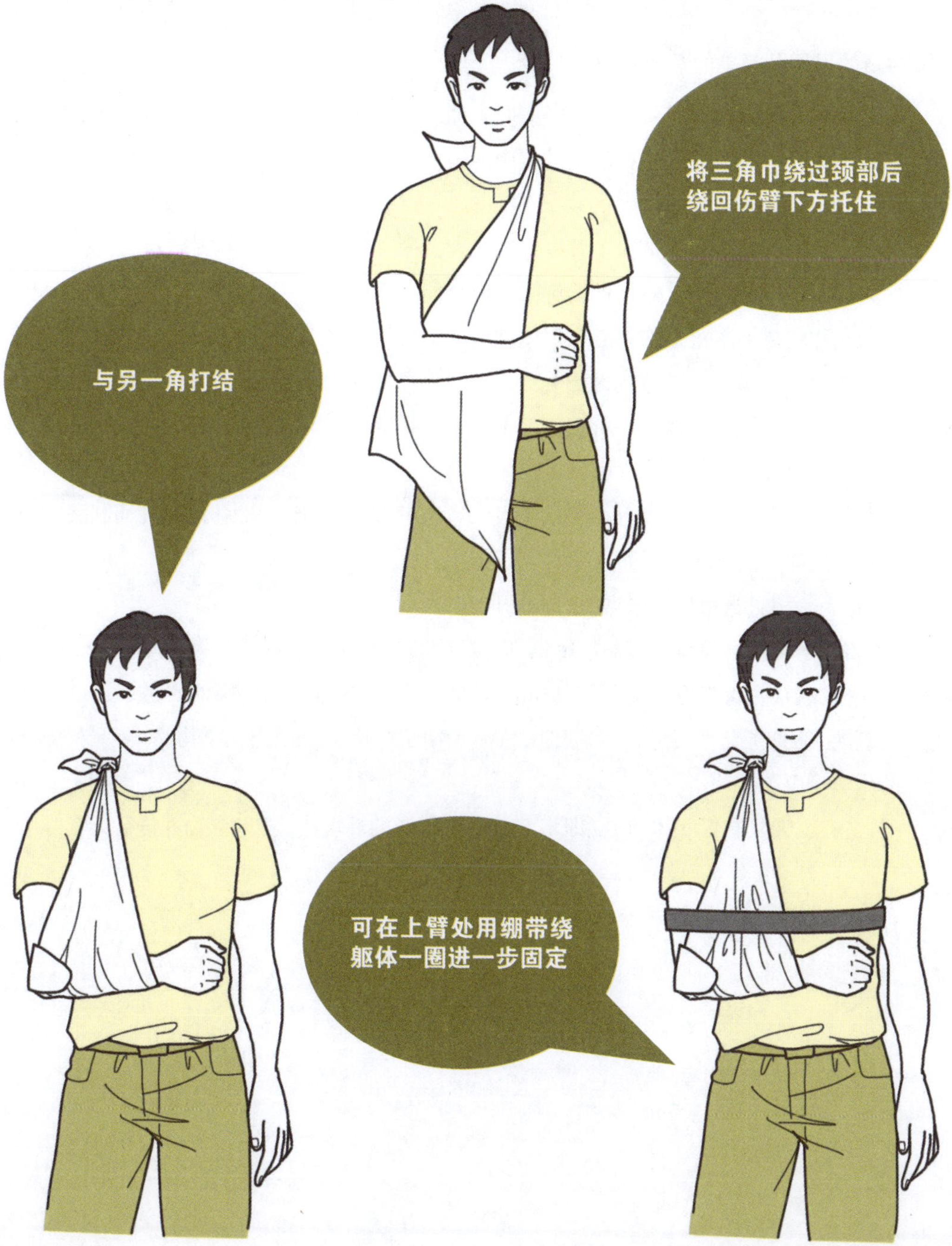

# No.090 中毒后的急救处理

求生者在野外中毒往往是因为误食有毒动植物或者被有毒动物叮咬引起的。

## 中毒的原因及简单的急救处理

求生者在野外活动中需要接触许多前所未闻的动植物，如果事先准备不足，无法判断这些动植物是否有毒，很可能在求生过程中因为误食或者不小心被有毒的动物叮咬受伤中毒。

蝎子、蜘蛛、蛇等动物是求生者中毒的一大主因。若是被蝎子或蜘蛛咬伤，应清洗伤口后尽力挤压，排出毒素，效果虽然有限，但是能一定程度上缓解症状。若是被毒蛇咬伤的话，情况往往更加严重，伤患会出现剧烈头痛、心律不齐、恶心、视线模糊、呼吸困难等症状，中毒后如果情况严重且无法获救，伤患很可能在未来数小时内死亡。如果被毒蛇咬伤而且手头并无抗蛇毒血清，可在伤口上方用绷带缠绑，防止毒血回流，尽量延长时间去寻找专业医疗人员。

除了直接被叮咬，误食有毒植物或者吸入有毒气体也会导致求生者中毒，因此，学会一些简单的处理方法对求生者而言非常实用：

- 若是因食用有毒植物而中毒时应立即催吐；
- 可将茶、炭混合等量的镁制成解毒剂，炭能够吸收一定的毒素并将其排出体外；
- 若是皮肤接触毒素应立即用肥皂和清水冲洗，并除去被毒素污染的衣物；
- 皮肤上沾染了化学毒素以后应以大量清水冲洗（前提是这类化学物品不会与水产生剧烈的化学反应）；
- 若是有人吸入有毒气体，应立即将其转移到通风的环境中，松开衣物并进行人工呼吸。

# 蛇咬的齿痕

**毒蛇咬伤以后伤口前方有两颗毒牙造成的明显齿痕**

无毒蛇

毒蛇

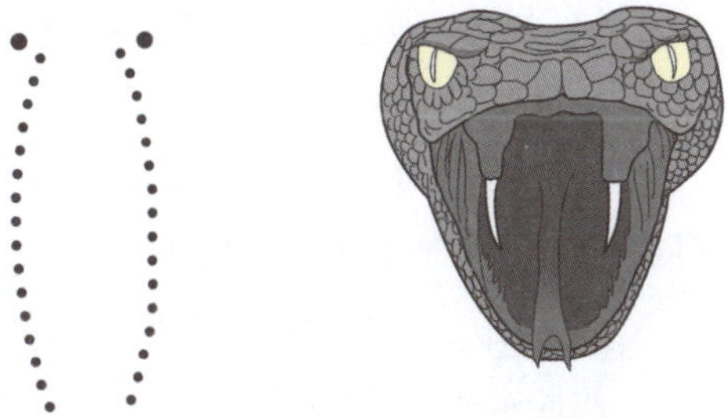

## 清洗蛇咬伤口

# No.091 烧伤后的紧急处理

野外求生时需要生火烧水，若是因此而被烧伤，而且不能及时处理的话，甚至可能会危及生命。

## 烧伤后降温、补水非常重要

在野外烧伤的话十分危险，很可能因为感染而危及生命。烧伤的严重程度取决于受伤组织的范围和深度，美军通常将烧伤程度分为“Ⅰ度”、“Ⅱ度”及“Ⅲ度”。

- Ⅰ度烧伤：损伤最轻。烧伤皮肤发红、疼痛、明显触痛、有渗出或水肿。轻压受伤部位时局部变白，但没有水疱。
- Ⅱ度烧伤：损伤较深。皮肤表面出现水疱，水疱底部呈红色或白色，充满了清澈、黏稠的液体。烧伤后 48 小时内伤患极为疼痛。
- Ⅲ度烧伤：损伤最深。烧伤表面可以发白、变软或者呈黑色、炭化皮革状。伤患会出现严重脱水并且很可能感染。

被烧伤以后要立即用冷水冲洗降温，也可以将受伤部位泡在冷水中，或者用冷敷袋冷敷降温。降温的步骤非常重要，否则烧伤的热度会持续伤害身体组织。

如果烧伤处覆盖有衣物，可以在冷水降温 10 分钟以后慢慢去除，接着用不粘伤口的消毒纱布覆盖伤处，并且要每天更换。更换纱布时，还要及时清理伤口，将白色、黄色的坏死组织除去。有条件的话，用过氯化氢等消毒药水进行消毒。

与此同时，伤患必须补充大量水分，尽量多喝水并且注意排尿量。若是排尿量过大应该适当减少摄取的水分。

烧伤后，伤患可能会变得沮丧、精神萎靡，因此同伴应及时为其提供心理支持。

## 冲洗烧伤伤口

# No.092 失温与热衰竭的急救

**恶劣的自然环境是人类在野外活动时所要面临的大难题，极端的寒冷或者高温都是求生者的杀手。**

1
2
3
4
5
6
7
8
9

## 失温

失温是由于人体热量流失大于热量补给，从而造成人体核心区温度降低，并出现颤抖、失去意识，甚至最终造成死亡。寒冷的气候是导致失温的直接原因，如果求生者因为寒冷造成体温下降到36℃以下时，随时都可能面临生命危险。

**如果已经开始失温，千万不能喝酒，喝酒会造成体内热量的流失，加剧失温。**

升温是救治失温最有效的方法，求生者可以通过生火、喝热水、吃高能量食物等方法维持体温。若是同伴中有人失温，应立即将他转移到庇身所中，帮他更换干燥衣物，利用热水、生火帮他恢复体温，同时应注意其心跳和脉搏，视情况进行心肺复苏。

## 热衰竭

热衰竭是在炎热的环境下活动时，身体大量出汗而没有足够水分和盐分补充时，导致虚脱的情况。如果求生者所处的环境温度过高，很容易因为水分和盐分的流失导致热衰竭。一旦出现热衰竭，求生者的皮肤会因为大量出汗而变得湿冷，同时伴随着头痛、眩晕、食欲不振，若是不能及时救治，可能会导致死亡。

如果有人出现热衰竭，应及时将其转移到荫凉的地方，将其腿部抬高并进行按摩，促使血液回流，同时还要大量补充水分。

# 热衰竭急救